Relatos del Deporte

Editorial Conocimiento, S.L.

© Editorial Conocimiento, S.L.
Calle Agustín de Betancourt, 13 - 28003 Madrid
Teléfono: 91 535 71 82 - Fax: 91 535 86 91

Impreso en: Impresos y Revistas, S.A.
Herreros, 42 - Polígono Industrial Los Ángeles
28906 Getafe- Madrid
Tel. 91 682 72 14 - Fax: 91 695 10 48

Diseño y maquetación: Beatriz Ros, MAKE A TEAM
Ilustraciones y portada: Marco Población

1ª edición: octubre de 2001

ISBN: 84-931993-5-4

Depósito legal: M-44.445-2001

Impreso en España

Relatos del Deporte

primer relato
LA COMPETENCIA
La bestia negra
por Juan M. López Iturriaga

Como no fue genial no tuvo enemigos.
ANÓNIMO

Resulta curiosa la manera en la que uno pasa a formar parte de los recuerdos deportivos del aficionado. Salvo casos indiscutibles –Induráin, por ejemplo–, no siempre coinciden los éxitos que en tu opinión deberían permanecer en la memoria del público con lo que, en efecto, ese público retiene. Por eso no resulta extraño que ese que te para en un semáforo o te da conversación en la cola del supermercado de El Corte Inglés, mostrándose fiel seguidor de tu carrera deportiva, se interese vivamente por una escena de tu vida que has querido olvidar.

Perico Delgado, ídolo de masas, personaje deportivo superlativo durante la segunda década de los ochenta, ganó un *tour*, fue segundo y tercero en otros dos y protagonizó las más intensas y excitantes sobremesas de aquellos inolvidables meses de julio. Me apostaría algo a que, de cada diez ocasiones en que es abordado por aficionados, la mitad de las veces le preguntan: "Oye, Pedro, ¿qué te pasó cuando llegaste tarde al prólogo del Tour del 89?".

Y es que, a veces, la fatalidad es la que manda y, aunque hayas tenido una venturosa vida deportiva, si protagonizaste algún suceso ciertamente impactante en lo negativo, estás muerto.

Luis Mari Prada fue jugador del Real Madrid durante casi una década. Fino estilista y pívot habilidoso, tuvo mucha culpa en títulos de liga, europeos e intercontinentales, que consiguió el Madrid. Pero resulta que una noche aciaga nos jugábamos contra el Emersson de Varese –el equipo de Meneghin– el pase a la final de la Copa de Europa. Luis Mari falló tres tiros libres consecutivos con el reloj a cero y el Madrid perdió por un solo punto. En aquel momento, Prada entró en la historia y, desgraciadamente para él e injustamente para su destacable carrera, se convirtió en *el de los tiros libres*.

He de reconocer que yo he tenido un poco más de suerte y hoy en día, once años después de mi retirada, estoy en condiciones de asegurar que, de todo lo que hice –y deshice–, que de todo hubo, dos hechos han tenido mayor calado que el resto: uno, por supuesto, la medalla de plata de los Juegos Olímpicos de Los Ángeles en el 84, el mayor hito de la historia del baloncesto español; el otro, haber sido testigo, enemigo encarnizado, y frustrado cazador de uno de los mejores talentos deportivos. Uno de esos personajes capaces tanto de hechizar con su juego como de despertar las más bajas pasiones, los odios más radicales, las ganas de revancha más salvajes... Me refiero a Drazen Petrovic.

Todavía hace una semana, en el transcurso de una conferencia, me interrogaron sobre aquella época, sobre él; aquellos años tremendos en los que lo personal se mezclaba con lo profesional, aquella guerra.

Hasta poco tiempo antes, España era un país en donde sólo existía el fútbol: en la televisión, en los periódicos, en las charlas de la gente, únicamente había sitio para Cruyff, Maradona, Juanito *Maravilla*, Schuster y demás artistas. Pero el fútbol sufrió una recesión a principios de los ochenta cuando sus dos motores principales, Real Madrid y Barcelona, entraron en crisis. La crisis fue aprovechada por dos equipos vascos, Real Sociedad y Athletic de Bilbao, que pasaron a dominar el panorama y se llevaron cuatro ligas consecutivas.

Tras el batacazo en el Mundial del Naranjito, el personal no andaba lo que se dice encantado con el fútbol. En esto estábamos, cuando un grupo de jugadores de baloncesto que silenciosamente habíamos ido al mundial de Colombia ganamos, nada más y nada menos, que a Estados Unidos. Entonces la gente giró la cabeza y se quedó de piedra al ver que también derrotábamos a Rusia en las semifinales del Campeonato de Europa de selecciones y que nos traíamos la plata a casa. Y muchos cayeron en la cuenta de que, para pasarlo bien, había algo más que el fútbol.

Los aficionados de siempre, junto a otros recién llegados, decidieron que merecía la pena trasnochar durante ocho noches para ver qué pasaba en los Juegos Olímpicos. Entre copazo y copazo vieron cómo, salvo Michael Jordan, el baloncesto mundial doblaba la rodilla y España subía al pódium olímpico.

El baloncesto tocó techo y todo lo que pasó en los dos años siguientes se desarrolló en medio de una euforia baloncestística nacional: pabellones llenos, audiencias televisivas millonarias, presencia importante en los medios de comunicación y unos jugadores con un índice de popularidad a la altura del de sus homólogos futbolísticos.

Estábamos en plena fiebre, cuando el Real Madrid se disponía a iniciar la liguilla de clasificación para la final de la Copa de Europa de baloncesto. Llegaban seis equipos a esta penúltima ronda; los dos primeros se metían directamente en la final. Las cuentas que hacíamos antes de comenzar eran bastante claras: siete victorias, cinco en tu campo y un par de ellas fuera, y, salvo desagradable carambola, meteríamos la cabeza en la final.

El sorteo quiso que el primer encuentro nos tocase contra la Cibona en Zagreb. Los yugoslavos tenían un equipo muy joven del que formaba parte un tal Drazen Petrovic. Le habíamos visto jugar unos minutos con su selección durante los Juegos Olímpicos de Los Ángeles; apuntaba grandes maneras, pero todavía no marcaba diferencias. El caso es que la Cibona parecía la cenicienta del grupo, el equipo y el lugar para una de las dos victorias a domicilio.

Y allí fuimos, confiados y optimistas. Contábamos con la dosis necesaria de talento, fuerza mental, experiencia y motivación. Teníamos líderes en todas las parcelas fundamentales del equipo; cada uno sabía exactamente lo que debía hacer y lo que se esperaba de él. Llevábamos unos cuantos años juntos, con lo que la comunicación entre todos era tan buena como sana. En definitiva, formábamos y trabajábamos como un gran equipo.

Corbalán y Fernando Martín eran las grandes estrellas. También teníamos una muy buena pareja de americanos, Jackson y Robinson (éste luego nos salió rana en el aspecto personal, pero ésa es otra historia). Del resto, Llorente, Romay, Alfonsito del Corral y yo mismo empujábamos lo que podíamos. Acabábamos de recuperar el título de liga en aquella controvertida final donde Mike Davis, jugador del Barça, estuvo a punto de hacer un *home run* de béisbol con mi cabeza (si no llega a ser por Supermartín, me liquida allí mismo).

Volvíamos a la Copa de Europa con todas las ganas del mundo y lo que esperábamos de aquel primer paso hacia el título era un partido difícil pero accesible.

Nos encontramos con el infierno. No, no era un ambiente cargado, no era el ruido, era la sensación de estar en mitad de una fiesta de caníbales y darse cuenta de que al que se van a merendar es a uno. El hechicero, el mando y director de todas las operaciones no era otro que Drazen Petrovic.

El chaval, pues entonces era un chaval, nos hizo un roto de proporciones descomunales. Nos las metió de todos los colores. Cada vez que anotaba levantaba los brazos y el público se volvía loco; si no, se daba la vuelta en el aire o se iba a la grada para celebrar sus proezas con los aficionados. Era difícil de sobrellevar, pero lo que nos cabreó más que a una mona fue el comportamiento general de los jugadores yugoslavos –en particular de los hermanos Petrovic–, que desarrollaron en un solo partido "*Los Diez Mandamientos del Deportista Maleducado*".

El colofón lo puso Drazen. Al final del partido le ofreció la mano a Fernando Martín y éste alargó la suya para corresponderle. En ese momento el yugoslavo le soltó un escupitajo y salió corriendo. Le esperamos en la puerta del vestuario para arreglar cuentas, pero no apareció: se lo llevaron por la puerta de atrás.

Ese día, esa tarde, empezó una historia que duró dos duras temporadas en las que cada enfrentamiento estuvo marcado por este jugador.

Dos meses después de aquel primer choque, la Cibona viajó a Madrid. Desde que terminó el partido de ida nos juramentamos que no sólo les ganaríamos en Madrid, sino que les pasaríamos factura por lo ocurrido en Zagreb. Esto significaba –lo diré aunque no sea un buen ejemplo para los niños, pero después de lo de Maradona creo que están curados de espanto– hacerle un arreglo de nariz rápido si se presentaba la ocasión. Según se fue acercando la fecha, y ante los recuerdos que volvían a nuestra cabeza, las ganas se fueron convirtiendo en obsesión. La prensa aprovechó el filón y puso de su parte para calentar el partido de puertas del vestuario para afuera. La expectación era como si del fútbol de los grandes se tratara.

Una hora antes del comienzo del partido, el pabellón reventaba de gente y la carga eléctrica era máxima. Cuando apareció la bestia negra en la pista, la pitada fue de esas que ponen la carne de gallina, y se repitió cada vez que tocó el balón. Nuestra vigilancia, nuestro odio, nuestra obsesión, la presión del público, todo adquirió proporciones descomunales –e inútiles, como se pudo comprobar minutos más tarde–.

Nos metió más de cuarenta puntos, machacó a cada uno de los defensores que intentamos pararlo y lo volvió a hacer con premeditación y alevosía. Él solo, y por segunda vez, logró desencajar a un equipo maduro y hecho como era el nuestro. El público cambió los insultos por oes de desesperación, admirado por lo que estaba haciendo Petrovic. Éste, en su salsa, se permitía saltitos, giros en el aire, y lanzaba los puños como si fuera Mazinger Z. Perdimos, y nuestra frustración fue mayor que el Bernabéu. La figura de Petrovic crecía a la misma velocidad que nuestras ganas de revancha.

"Arrieritos somos y en el camino nos encontraremos"... y la posibilidad de revancha surgió poco después, cuando ambos equipos nos clasificamos para la final de la Copa de Europa. Agradecimos al destino que nos concediera otra oportunidad, convencidos de que sería la definitiva.

Durante la preparación de tan importante cita, tanto Lolo Sáinz como nosotros nos repetíamos que no debíamos obsesionarnos con Petrovic. Lo importante no era que nos metiese cuarenta puntos, sino que el resto no acompañase. El baloncesto es un juego de equipo; si lográbamos convertir al equipo de la Cibona en un solo jugador y anular al resto, todo iría sobre ruedas. La teoría la sabíamos, todo ese discurso estaba muy bien, pero en el fondo de nuestros cerebros (o al menos en los de la mayoría) se instaló la idea de darle una lección al que nos parecía un niñato descarado.

Atenas constituía la última gran oportunidad de aquella generación de lograr el máximo título europeo y, por tercera vez en esa misma temporada, nos dieron sopas con honda. Petrovic nos volvió a desquiciar y esta vez lo celebró botando el balón entre las piernas mientras cantaba "*Hala, Madrid*". Hay que joderse, y que me perdonen la expresión. Aquello se había convertido definitivamente en algo personal. Y a medida que aumentaba nuestro malestar, él nos ganaba con mayor facilidad.

La enfermedad Petrovic contagió a la selección. Aquel verano jugamos el Europeo en Alemania. Como era habitual cada vez que nos enfrentábamos a él, el partido acabó en bronca; estábamos más pendientes de lo que hacía que de jugar, más interesados en atizarle un guantazo que en utilizar el cerebro. Como no podía ser de otra forma, volvimos a perder. La pesadilla parecía no tener fin. Pero era una pesadilla compartida, porque aquel año disputaron la final la Cibona y el Zalguiris lituano con Sabonis y compañía, y no recuerdo si fue Sabas u otro de su equipo el que antes de jugar prometió a toda Europa la cabeza de Petrovic (ya se sabe que soviéticos y yugoslavos no se profesaban admiración mutua). Intento fallido; los lituanos estuvieron desquiciados y, a falta de diez minutos, Sabonis le largó un balonazo a un yugoslavo que pasaba por ahí y lo expulsaron. Resultado: la Cibona ganaba por segunda vez consecutiva la Copa de Europa. Y no cayó la tercera por esas cosas que tienen los reglamentos. La Cibona, sorprendentemente, perdió su propia liga y, a pesar de ser campeón europeo, no logró pasaporte para la siguiente edición. Allí empezó a mitigarse nuestra *obsesión Petrovic*, pues pudimos descansar un año sin verlo. Aprovechando la tregua, y en previsión de futuros desastres, el Madrid se dijo: "Si no puedes con tu enemigo, fíchalo". A partir de ese momento se acabaron los piques y las ganas de machacarlo. Una vez fichado, jugamos contra la Cibona la final de la Copa Korac de 1988. Por una vez conseguimos aquello de lo que hablábamos pero nunca habíamos hecho. Petrovic nos metió cuarenta, pero el resto quedó al margen y pudimos llevarnos el título.

Petrovic jugó un año en el Madrid y luego se fue a la NBA. En el año 93, durante sus vacaciones de verano, sufrió un accidente mortal de circulación. Así terminó la historia de un extraordinario jugador, de tal calibre que, a pesar de su desagradable comportamiento en los inicios de su carrera, forma parte no sólo de la historia del deporte europeo, sino también de las pequeñas historias de muchos de los que compartimos pista con él. Con el paso del tiempo a veces se nos olvida; pero ahí está cualquier aficionado con buena memoria para preguntarnos por todo lo que pasó en aquellos irrepetibles años, los años en los que Drazen Petrovic se convirtió en nuestra obsesión.

segundo relato

LA COMUNICACIÓN

La petición

por Jorge Valdano

Lo importante no es escuchar lo que se dice,
sino averiguar lo que se piensa.

J. Donoso Cortés

Llegué al Valencia como entrenador antes de que terminara la primera vuelta del Campeonato de Liga. A lo largo de esa temporada, las cosas no fueron bien y terminamos en la mitad de la tabla. La plantilla se encontraba en el final de un ciclo, así que acordamos hacer un gran cambio, con la incorporación de muchos jugadores. Se ascendió a chicos de la cantera, el club trajo a varios hombres desconocidos para mí y yo decidí el fichaje de algunos jugadores que consideraba idóneos para el equipo.

Pero de todos ellos, el que más desvelos me produjo fue Romario porque le daba al equipo un salto de calidad definitivo. Romario tenía contrato con el

Valencia y, tras una situación conflictiva, se marchó del club en condición de cedido.

La polémica la tuvo con el entrenador anterior, quien había encontrado respaldo en la plantilla, en los medios de comunicación, en la directiva... de manera que Romario se fue incomprendido y, seguramente, humillado. Primero encontré la posibilidad de reincorporarlo, luego traté de convencer al jugador, que pensó mucho su regreso...

Como siempre que uno incorpora a un jugador extraordinario –de esos que juegan como nadie, pero que viven la profesión de una manera muy singular, hasta el punto de parecer un cuerpo extraño dentro de la plantilla–, me reuní con todos los jugadores para instruirlos en cómo convivir con un genio tan poco disciplinado. Cuando la plantilla aceptó la particularidad del jugador, Romario entró en el equipo.

Después de finalizar el primer entrenamiento, pidió reunirse conmigo y me planteó una situación extrema: o le conseguía el chalet que el club le había prometido, o se volvía a Brasil inmediatamente. Yo traté de tranquilizarlo:

–En todo caso, dime que no vienes a entrenar esta tarde, pero no hay por qué ser tan extremo. Déjame que averigüe por qué no se te ha conseguido el chalet todavía.

El club se movilizó y todo el mecanismo institucional se puso al servicio de Romario para que encontrara, cuanto antes, su chalet.

Él vio que la predisposición era buena y al día siguiente volvió al entrenamiento. Cuando acabó, pidió una nueva reunión, esta vez para reclamar un 4x4 que también estaba en el contrato y que aún no se le había entregado. Romario tenía, además, la sospecha de que dentro del club había gente que todavía no le quería y que pretendía forzar su marcha. Él, lejos de afrontar esos desafíos, lo que hacía era acelerar los tiempos, amenazando una y otra vez con tomar el primer avión hacia Brasil.

El 4x4, evidentemente, llegó antes que el chalet, y una vez que tuvo la certeza de que la voluntad del club era buena, volvió a entrenar al día siguiente.

Terminó el entrenamiento, me golpearon la puerta, y Romario se presentó de nuevo en mi despacho para hacerme, en esta ocasión, una reclamación contractual: había discutido el contrato en dólares, pero se había escrito en pesetas, y pretendía que el club reconociera el desfase entre una y otra moneda. Aquí el tema pasaba por una interpretación del espíritu del contrato, por lo tanto, llamé al presidente del club para que nos reuniéramos los tres.

Paco Roig entabló una discusión con el jugador y, cuando la situación parecía no tener remedio, propuso que me decantara. Yo entendía que, si Romario había aceptado, por razones de imagen del club, escribir el contrato en pesetas, el club debía agradecer la buena intención del jugador y reconocerle el valor del dólar. Paco Roig no quedó muy contento con mi decisión y Romario, que es un hombre muy contenido, muy inexpresivo... en todo caso, muy desagradecido, se fue sin decir nada. No hice ningún amigo ese día.

A la mañana siguiente, después de entrenar, Romario no apareció por mi despacho, así que, movido por una cierta inquietud y una extraña nostalgia, mandé que le fueran a buscar, e iniciamos el primer diálogo no reivindicativo. Hasta ese momento, las condiciones las había puesto él de modo que yo siempre estaba a expensas de su reclamación.

Traté de distender la situación y bromeé sobre su capacidad para la polémica, comparándolo con Maradona:

–Con Diego tendría un problema al día durante un mes; tú has dejado de generar conflictos al tercer día. Me has decepcionado.

A Romario le gustó la comparación y se rió. Esa complicidad me sirvió para darle a la conversación otro giro y llevarlo a mi terreno:

–Tú eres para muchos, incluso para mí, el mejor jugador del mundo; eres, y esto es incuestionable, el jugador que más cobra del mundo, ¿no crees que ya es momento de empezar a dar? Si empiezas a dar algo a los demás, vas a ver que terminarás encontrando una recompensa, una satisfacción. No te hablo de algo material, te hablo de afecto, de confianza. Todo lo que sale de la boca de Romario tiene una dimensión especial, y eso provocaría un efecto muy positivo en todo el equipo.

Él me escuchó con atención; es de esas personas que te taladran con la mirada porque no está interesado en lo que tú dices, sino en lo que tú piensas. Y como es extraordinariamente intuitivo para las relaciones, examinaba, no sólo mi discurso, sino, sobre todo, mi confiabilidad. Yo era, al fin y al cabo, la única persona en todo Valencia que lo respaldaba.

Desde ese día ya no hubo problemas y Romario empezó a entrenar con un nivel de exigencia altísimo para lo que era su fama: llegaba a horario; se implicaba como nunca; se quedaba después de los entrenamientos a trabajar el mano a mano con el portero (donde era, simplemente, genial)...

Al cabo de dos semanas me encontré con Luisinho, su representante, y le pregunté por el estado de ánimo de Romario.

–¡Está entusiasmadísimo! –me respondió–. Nunca le he visto tan comprometido. Habla de que este año va a batir todos los récords goleadores. Además, dice cosas que nunca le había escuchado. Esta tarde, de camino al entrenamiento, me ha dicho que en la vida es importante saber, no sólo pedir, también dar.

BRASIL

tercer relato

EL RECONOCIMIENTO

Faena final

por María Fernández Ostolaza

A todos los amigos que he conservado después de ganar una medalla olímpica.

El que se guarda un elogio
se queda con algo ajeno.

PABLO PICASSO

Cuando el conjunto español de gimnasia rítmica se proclamó campeón olímpico en Atlanta, en 1996, en el pabellón donde competía había pocos españoles para vitorearlo y celebrar su triunfo: los miembros del equipo técnico, el presidente de la Federación Española de Gimnasia, una docena de seguidores fieles e incondicionales y media de periodistas especializados. Ninguna autoridad: la competición se celebraba en Atenas, una localidad universitaria a unos 80 kilómetros de Atlanta, simultáneamente con otros encuentros, y el balonmano y el tenis femenino acaparaban, a aquella hora, la atención de los altos cargos españoles.

Pocos minutos después de que se oyera el himno español y desde el pódium saludaran, felices y emocionadas, las gimnastas, entraron sin aliento en el pabellón de Atenas Pedro Antonio Martín Marín, entonces secretario de Estado para el Deporte, y Colomán Trabado, ex atleta y asesor del Consejo Superior de Deportes. Emilia Boneva, nuestra seleccionadora, les abroncó entre bromas por haberse perdido la fabulosa final. El conjunto había estado magnífico. Martín Marín y Colomán se tenían merecido el rapapolvo. Emilia y Colomán eran viejos y buenos amigos, habían vivido juntos otras olimpiadas, y a Pedro Antonio y a mí nos unía una estrecha y cordial relación que alcanzaba a nuestras respectivas familias.

Ellos estuvieron espléndidos, y sé que la alegría y el orgullo que sentían por aquella medalla era sincero. Sin embargo, a pesar de lo poco que nos importaban las formalidades en aquellos momentos, todos echamos de menos a algún representante del Comité Olímpico Español. ¿No había podido venir ninguno a felicitarnos? A fin de cuentas, habíamos ganado una medalla de oro olímpica...

La ausencia de los representantes del Comité Olímpico Español nos parecía, al principio, divertida; una metedura de pata. Una más. Como aquel episodio tan gracioso de la época en la que Ana Bautista era gimnasta –luego fue entrenadora del equipo nacional individual–. Como gimnasta, Ana participó en la Copa de Europa que se disputó en Hannover, Alemania. La organización, como pasa siempre, le pidió el himno nacional español. En todos los campeonatos de gimnasia los organizadores solicitan a las gimnastas participantes una copia del himno de su país, en previsión de una eventual medalla. Ana no lo había llevado y llamó al Consulado de España en Hannover para ver si le podían facilitar uno. La persona que la atendió, sorprendida ante la petición, le respondió con chulería: "No tenemos el himno, pero, si ganáis una medalla, iré yo mismo en persona a silbártelo". Ana no ganó una medalla; ganó cuatro, una de ellas de oro. Subió al pódium mientras sonaban los acordes de una copia del himno nacional que había conseguido en unos grandes almacenes del centro de la ciudad. El cónsul en persona le escribió después una carta, ofreciéndole disculpas y felicitándola por sus éxitos deportivos.

Dos días después de nuestro triunfo olímpico en Atlanta terminaron de competir las gimnastas individuales, y su actuación cerró los Juegos. Todos los componentes del equipo de gimnasia rítmica dejamos Atenas y volvimos a Atlanta para sumarnos al resto de la delegación española y asistir a la ceremonia de clausura. Habían pasado cuarenta y ocho horas desde la obtención de la medalla y el Comité Olímpico Español seguía sin dar señales de vida ante las gimnastas campeonas olímpicas. Pero no nos importaba; teníamos una medalla de oro.

Cuando llegamos al centro olímpico de Atlanta, la villa estaba desierta. El autobús nos dejó en el aparcamiento, ante la entrada principal, el único sitio donde podía desembarcarnos, y durante varios kilómetros tuvimos que acarrear nuestro equipaje y el material de la competición: todos los voluntarios se habían unido a la ceremonia de clausura, así que los coches de golf y trenecitos que normalmente trasladaban a atletas y entrenadores por el interior de la villa no funcionaban aquella tarde. Era 4 de agosto, las cinco de la tarde y el calor en Atlanta resultaba insoportable. Tardamos más de una hora en arrastrar el equipaje hasta el edificio donde residía la delegación española. Llegamos derrengados, y Emilia Boneva, que padecía una enfermedad cardiaca crónica, a punto de sufrir una crisis. El recibimiento en la villa tras nuestro triunfo empezaba a resultarnos un poco decepcionante; aunque, bueno, ¿qué más daba?, teníamos la medalla.

En el momento en que nosotros entramos, ¡por fin!, en el vestíbulo del edificio, salía la última componente de la delegación española: una secretaria del Comité Olímpico Español, visiblemente contrariada por nuestra tardanza. Nos entregó unas entradas para la ceremonia y, con grandes aspavientos, se dirigió a un automóvil con conductor que le esperaba ante otra de las entradas de la villa, la más próxima al edificio donde se alojaba la delegación española. A gritos porque se alejaba –la chica tenía prisa– le preguntamos si habían dispuesto nuestro transporte. No es que no alcanzáramos a oír su respuesta, es que no nos contestó a la pregunta. Fuera quien fuera el que había organizado aquello, había fijado la hora de salida de la delegación española hacia la ceremonia sin contar con nosotros. Aún hicimos un último intento: le pedimos a la secretaria, mientras huía, que nos abriera las oficinas para llamar a un taxi. No podía; si se retrasaba más, no llegaría a tiempo y se perdería la clausura.

Empezó a sobrevolarnos una cierta sensación de impotencia; pero, ¡bah!, habíamos ganado el oro. Soy una persona positiva y enseguida encontré argumentos para adornar una situación tan disparatada: el día de mañana, un coleccionista pagaría muchísimo dinero a quien, de entre mis nietos, recibiera la entrada en el reparto de mi herencia. La entrada será entonces un objeto de gran valor. Al fin y al cabo, eran unos Juegos Olímpicos, un acontecimiento histórico, y éramos sólo catorce personas las que gozábamos del privilegio de conservarla intacta.

Jesús Méndez, entonces presidente de la Federación Española de Gimnasia, nos resolvió bastante bien la velada, invitándonos a todos a cenar en un restaurante muy americano. Desde allí, por televisión, pudimos comprobar lo bonita que fue la ceremonia y lo que todos, la secretaria incluida, disfrutaron de la clausura de los Juegos Olímpicos de Atlanta. Para nosotros también fue emocionante verlo. A nuestro oro se unía el recuerdo de la ceremonia de apertura: aquella sensación de intensa alegría por la oportunidad de participar en unos Juegos. Es verdad que también en la apertura habíamos observado perplejos cómo desfilaban, codo con codo con los mejores del deporte de nuestro país, todos aquellos cargos, funcionarios, secretarias… que ni eran atletas ni eran entrenadores y cuya presencia radiante en aquel desfile obedecía a razones misteriosas fuera del alcance de nuestro entendimiento, sobre todo, porque a la Federación de Gimnasia, y supongo que también a las otras, se le había concedido un número inamovible de plazas, que impedía que desfilaran todos los deportistas y técnicos que participaban en aquella edición de los Juegos.

Con algunos de esos burócratas, o parecidos, me las había visto yo en alguna ocasión, como aquella en la que en el Consejo Superior de Deportes me dijeron que no necesitaba detallar tanto la programación para los entrenamientos del conjunto de la Selección Española de Gimnasia Rítmica –para mí que les aturdía tanto detalle–, y, luego, al comprobar que solicitaba para las gimnastas preparador físico y profesor de clásico y de español –torpemente había suprimido las palabras "ballet" y "baile", creyendo que quedaba claro que se trataba de "profesor de ballet clásico" y "profesor de baile español"–, me dijeron que me concedían el preparador físico y el profesor de clásico, pero que las niñas, las gimnastas, eran todas de nacionalidad española, y que el profesor de español estaba de más. No, no nos entendíamos bien.

Al día siguiente de la clausura de los Juegos teníamos que tomar el avión hacia Madrid. Ya hacía tres días que éramos campeones olímpicos, pero el Comité seguía sin felicitarnos... Los periodistas, los pocos que cubren las informaciones concernientes a la gimnasia, se enteraron. Al mismo tiempo, el entonces presidente del Comité Olímpico Español, Carlos Ferrer Salat, llamó a Jesús Méndez para felicitarle. Quería saludar también a las gimnastas y proponía que comiéramos todos juntos. Por razones de horario aquello resultaba imposible, así que sugirió que le esperáramos en el vestíbulo; quería darnos la enhorabuena en persona.

Los componentes del equipo técnico y, por supuesto, las gimnastas, le esperamos durante una hora y media. Las gimnastas tenían el capricho de teñirse de oro un mechón del pelo en la peluquería de la villa –sí, las villas olímpicas cuentan con peluquería, y ellas querían desembarcar en Madrid de aquella guisa–. A medida que transcurría la espera, veían desvanecerse la posibilidad de volar con el deseo concedido y empezaban a impacientarse. Cuando Ferrer Salat y sus acompañantes por fin aparecieron y les aseguraron que, para el Comité Olímpico Español, su medalla era tan importante como cualquier otra, no les creyeron. Además, se trataba de un comentario que les resultaba sorprendente; ellas nunca habían subestimado su modalidad. Era el deporte que les gustaba y por eso competían en él. No lo comparaban con otros deportes u otras medallas. Y, puestos a comparar, para ellas la medalla no era igual de importante que cualquier otra: era la más importante, la suya.

Pero Carlos Ferrer Salat era un caballero y de él aprendí que "los agravios en público se desagravian en público". A la vuelta de vacaciones organizó en la sede del Comité Olímpico en Madrid un cariñoso homenaje al equipo de gimnasia rítmica. Aprovechó que se presentaba el libro *Memorias*, de José María Cagigal, e invitó al acontecimiento a todo aquel que tuviera algo que ver con el mundo de la gimnasia. Cuando llegamos, aquello parecía una boda: a un lado, los invitados de José María Cagigal; al otro, los del conjunto de gimnasia rítmica.

Todo el evento se había organizado con arreglo a un estricto protocolo. En las primeras filas había asientos reservados. Para el equipo se habían previsto ocho butacas. Todas con su nombre: el de las gimnastas, el de Emilia Boneva, y el mío: María Fernández.

Primero se celebró el homenaje a Cagigal; muy bonito. Luego comenzó el nuestro. No faltó casi de nada: imágenes espectaculares de los ejercicios del triunfo olímpico y de las gimnastas en el pódium; imágenes mías, recibiendo y abrazando enfervorecida a las gimnastas al término de los ejercicios; ovación cerrada de los invitados; palabras de Ferrer Salat, entrega de regalos… Y ahí empezaron para mí los problemas. Para entregar los regalos, se invitaba a la agasajada a subir al estrado. Las fueron nombrando una a una: primero a las gimnastas; tras ellas, a la seleccionadora, y después…

después Ferrer Salat clausuró el acto con todas ellas, gimnastas y seleccionadora, arropándolo en el escenario. De las ocho butacas de la primera fila, siete estaban vacías; yo me escurría hacia el suelo en la octava, intentando que pasara desapercibido que se habían olvidado de nombrarme, de invitarme a subir, de aplaudirme y de entregarme el regalo... Para mi desgracia, sólo se habían acordado de mí para sentarme en aquella primera fila. ¡Con lo que yo hubiera dado por estar sentada entre el resto de los invitados!

Me quedé sin regalo. El que los había dispuesto había contado con un solo técnico, un error frecuente que ya en otras ocasiones me había colocado en situaciones comprometidas. Una semana después de haber ganado el título mundial, un presidente del Gobierno nos recibió en la Moncloa para felicitarnos personalmente. Entre grandes sonrisas, el presidente saludó calurosamente a todas las gimnastas, todas ellas vestidas con un inconfundible uniforme naranja; saludó a Emilia, de riguroso traje azul marino, y, al llegar a mí, que vestía con el mismo uniforme que Emilia, sufrió un momento de desconcierto. Lo resolvió pellizcándome cariñosamente la mejilla al tiempo que me preguntaba: "Y, tú, bonita... ¿tú a qué deporte juegas?".

El acto oficial había concluido. Los invitados se dirigían animadamente a la terraza, donde se iba a servir el cóctel, y mis más próximos comenzaron a quejarse en voz alta del nuevo desacierto. Opté por desaparecer. No podía marcharme sin despedirme, pero podía pasar un rato en el cuarto de baño, recordándome a mí misma que, a fin de cuentas, cuatro años de mi trabajo habían servido para la obtención de una medalla olímpica. Me miré al espejo y me dije: "Eres campeona olímpica... además, llevas puesto el mejor traje de tu hermana Patricia; estás estupenda". Volví a la terraza y me uní al resto de los invitados. Ferrer Salat vino decidido hacia mí; me había estado buscando. Alguien le había hecho ver el patinazo y quería disculparse. De la manera más cordial que supe, le quité importancia al asunto. Y creí, equivocadamente, que aquello constituía el fin de ese tonto incidente.

Minutos después, cuando unos y otros paseábamos con una coca-cola en la mano y nos reencontrábamos con amigos del mundo de la gimnasia, Ferrer Salat reclamó la atención de la concurrencia. Los invitados no le atendían y comenzó a golpear su copa con una cucharilla: "Clin-clin-clin... Quiero su atención durante un momento, por favor. Quiero reconocer ante ustedes que hemos olvidado entregar un regalo a la entrenadora del equipo campeón olímpico. Y quiero que todos sean testigos de la entrega". Mientras Ferrer Salat expresaba vehementemente todas esas cosas que él quería, yo quería morirme. No me había sobrepuesto, cuando oí, horrorizada: "María Fernanda, María Fernanda, acérquese. ¡Nos habíamos olvidado de usted!".

Sí, María Fernanda era yo. Ya ni el recuerdo de la medalla podía consolarme.

cuarto relato

LA OPORTUNIDAD

Le Mans

por Miguel Ángel de Castro

Las oportunidades pequeñas son
el principio de las grandes empresas.

DEMÓSTENES

No me lo podía creer. ¡Iba a participar en las 24 Horas de Le Mans!, el sueño de cualquier piloto. En la categoría pequeña, pero en Le Mans.

Correría dentro del equipo Repsol-Kremer y contaría con Tomás Saldaña y Alfonso de Orleans como compañeros de equipo. Tomás es uno de los pilotos españoles con más experiencia y mayores éxitos en carreras de resistencia; Alfonso, un gentleman driver un poco peligroso, pero buen chaval.

Sentía una mezcla de entusiasmo y miedo. Era mi quinta temporada dentro del mundo del motor y estaba en Le Mans con un coche de 600 caballos, y yo jamás había pasado de 300. Además, era muy joven. El primer día que me subí al Porsche GT2, a los técnicos sólo les faltó explicarme que el freno era el pedal del centro.

También me preocupaba mi estado físico. Conducir mucho tiempo en un circuito tan exigente, en el que estás rodando constantemente a 300 kilómetros por hora, es duro. Además, en las carreras de resistencia se pasa mucho calor porque no se cuenta con sistema de refrigeración para el piloto y se pierde mucha agua. Pero Bill Laich, mi preparador, extrajo de mí un potencial físico y psíquico que ni siquiera yo sabía que tenía.

Los problemas surgieron casi antes de empezar. La parrilla de salida de Le Mans es estricta: cincuenta y dos coches; y el nuestro era el cincuenta y tres; empezábamos bien. Al pertenecer a la categoría pequeña, no estábamos dentro de los coches invitados por la organización y no podíamos participar en las preclasificaciones, a no ser que uno de los invitados no acudiese o tuviera un accidente irreparable y no superase el tiempo marcado por la organización.

Durante las preclasificaciones pasamos horas rondando, como buitres, posibles presas. Observábamos detenidamente las pantallas de tiempos y las de televisión. En el momento en que veíamos un coche parado, saltábamos para ver si era de nuestra categoría, si estaba destrozado y si no había superado el tiempo.

A una hora del final, por fin, un cacharrazo fuerte en el equipo americano Callaway. Fabricio Barbazza, ex piloto de Fórmula 1, en un último intento por meter al Callaway en el tiempo, estrelló el coche contra uno de los muros que rodean el circuito de Le Mans. Por desgracia para ellos, su precioso chasis de fibra de carbono estaba inservible.

Quedaban unos treinta y cinco minutos para que acabase la sesión, y el mejor tiempo de nuestra categoría era de cuatro minutos, catorce segundos... A cuatro minutos por vuelta, no nos quedaban muchas para clasificar el coche.

En la primera tanda, Tomás se quedó a dos segundos del tiempo. Paró para hacer algunos ajustes y montó ruedas nuevas. Cuando volvió a pista quedaban cinco minutos, el tiempo justo para dar la vuelta de lanzamiento con las ruedas frías, que siempre son más peligrosas. Poco después dieron bandera: empezaba la vuelta definitiva.

Cuando se está fuera del coche, los nervios son insoportables y esta vuelta de cuatro minutos me pareció de veinte. Pero Tomás apareció en la recta: ¡estábamos clasificados para correr las 24 Horas de Le Mans!

Los entrenamientos nocturnos en Le Mans resultaron espectaculares. Los contrastes de luz eran muy bonitos: la noria de la feria, la negrura del bosque y, por el retrovisor, las luces del resto de los coches de carreras, mucho más potentes que los faros de cualquier otro vehículo.

Mi adaptación iba bien. Empezaba a llevar un ritmo alto cuando, en la zona oscura de la recta de Hunadieures, vi un relámpago en la parte trasera del coche. Me asusté y llamé por radio, pidiendo ruedas de agua porque el rayo me había caído casi encima. Me respondieron que en la otra parte del circuito no llovía y que no había una sola nube en el cielo. A pesar de mi insistencia, me ordenaron esperar. Al volver a la recta no había agua, ni nubes, pero vi otro relámpago. Busqué en el cuadro de mandos el botón del extintor; creí que podía ser un incendio. Después descubrí que los escapes de este tipo de coche sueltan unas llamas tremendas y, cuando reduces de marcha en una zona oscura, parece como si se iluminase el cielo.

Y llegó la carrera y su vistoso comienzo: los coches cubiertos con las banderas del país al que pertenecen y las gradas de la tribuna de recta, abarrotadas, divididas por nacionalidades. Los aficionados italianos apoyando a Ferrari y a Maseratti; los alemanes a Porsche, a BMW y a Mercedes; los franceses a Renault, y los ingleses a Jaguar.

En los entrenamientos oficiales, que otorgan la posición en la parrilla de salida, nos habíamos situado en el puesto trigesimoctavo. Los turnos de conducción iban a ser de una hora: primero, Tomás; luego, yo; después, Alfonso. Según el reglamento, un piloto no puede conducir más de cuatro horas seguidas y tampoco puede sobrepasar, en total, las dieciséis horas al volante; se trata de evitar accidentes por cansancio.

Tomás estaba realizando un primer relevo sin problemas y entraría en dos vueltas. Me fui a recoger mis cosas y me coloqué con cuidado la radio, el gorro ignífugo, el casco y los guantes. Cuando el coche apareció en la entrada a boxes, me situé en el lado izquierdo para ayudar a salir a mi compañero.

Me puse al volante y salí a pista. Nos encontrábamos en el puesto trigesimosexto de la clasificación general, séptimos de nuestra categoría. En las primeras vueltas me fui adaptando al tráfico: los coches de las categorías superiores rodaban unos treinta segundos por vuelta más rápido que nosotros; se acercaban muy deprisa y había que tener cuidado cuando doblaban, porque hubiera sido fácil malinterpretar sus movimientos y que un toque me echara de la carrera.

Fue entonces cuando empezó a llover. Avisé por radio y me dijeron que en la recta de boxes no llovía. Aun así, decidimos adelantarnos a la lluvia y cambiar de ruedas antes que el resto de los equipos; eso nos daría cierta ventaja. En esa misma vuelta entré y cambiamos a neumáticos de agua.

Salí rápidamente a pista y, al pasar por la recta de Hunadieures, llovía, pero menos que antes. Volví a llamar a boxes y me dijeron que aguantara, y que hablase menos por radio porque ocupaba la frecuencia que utilizábamos los tres coches del equipo y uno de ellos era el coche oficial de Porsche. En la vuelta siguiente ya no caía una gota y tuve que parar para cambiar de nuevo a neumáticos de seco. No era la mejor forma de empezar mi Le Mans.

Cuando volví a pasar por Hunadieures, volvía a llover; ahora, torrencialmente. Por radio me dijeron que llegase despacito a boxes para cambiar de nuevo a neumáticos de lluvia. Cambié y salí. Llovía a cántaros, podía relajarme. Bueno, todo lo que uno puede relajarse en Le Mans a 300 kilómetros por hora con agua. Pero el agua siempre me ha gustado y nuestro coche tenía ABS. Las frenadas en agua son muy delicadas sin ABS, pero yo sólo me tenía que preocupar de tener una buena aceleración y un buen paso por curva. Cada vuelta que me marcaban en la pizarra era mejor que la anterior y no estaba cometiendo errores. A dos vueltas para acabar mi turno recibí una llamada desde los boxes: Alfonso no quería salir en esas condiciones tan difíciles y comprometer nuestra carrera; el equipo había decidido que me quedase un turno más.

Seguí corriendo y vi como se me acercaba un Sport. Tardó varias vueltas en cogerme y otras tantas en adelantarme y alejarse. Por el espejo retrovisor vi que era el Courage de Mario Andretti. Pasadas unas cinco vueltas me lo volví a encontrar: salía de un trompo. Un roce con el guardaraíl le había roto el alerón trasero.

Cuando llevaba unos cuarenta y cinco minutos de turno, el *safety car* entró en pista. El Sport Prototipo de William David había patinado. El piloto se había fracturado las dos piernas por mil sitos distintos. Había chocado contra las protecciones a unos 250 kilómetros por hora, el asiento de su coche se había soltado y las piernas se le habían empotrado en el chasis.

El *safety car* desapareció y nos pusimos de nuevo a ritmo de carrera. Pude pasar a varios coches, pero la visibilidad era nula. Cuando llueve, uno de los problemas consiste en que los neumáticos, al ser tan anchos, evacuan mucha agua y la convierten en agua en suspensión; no se ve nada y cometer un error es muy fácil.

Tenía que entrar ya Tomás, pero al entrar en boxes me dijeron que no me bajara. Yo tenía ganas de hacer pis, pero antes de que pudiera darme cuenta habían cerrado la puerta, habían bajado los gatos hidráulicos y me habían echado a pista sugiriéndome que me orinara en el mono.

Al cabo de un rato vi que me acercaba al McLaren de J. J. Letho, Sekiya y Dalmas. Después de dos vueltas le pasé por el exterior en Hunadieures: era Letho, en ese momento piloto de Benetton, en el equipo de Michael Schumacher. Casi me salgo de la pista al verlo. Empezaba a estar confuso: ese tío salía en las tres primeras líneas de la parrilla. Por otro lado, hacía rato que había pasado al McLaren del equipo West y al Porsche 962 de nuestro equipo, el oficial con Stuck, Boutsen y Bouchout.

Las ganas de hacer pis me apremiaban –no estaba dispuesto a correr mojado mi primer Le Mans– y quería preguntar cómo íbamos en la clasificación, pero me habían reñido por hablar demasiado y me mantuve calladito.

En la entrada a boxes, al finalizar el tercer relevo consecutivo y ya con los cinturones fuera, otra llamadita: "¿Puedes seguir?".

Seguí, pero a la media hora empecé a perder concentración. Toqué levemente la tierra una vez y me vi obligado a bajar el ritmo. Lo comuniqué por radio y me dijeron que parara. ¡Por fin podía hacer pis!

Cuando se completaban tres horas y cuarenta y ocho minutos de haberme sentado en el coche, entré en boxes. Todo el mundo me estaba esperando. Vi la televisión y no me lo podía creer: estábamos primeros en nuestra categoría y quintos en la general. ¡Con un coche de la categoría pequeña y en sólo cinco horas de prueba! Los hermanos Kremer me felicitaron, Stuck me abrazó y los de Porsche me sonrieron. Fui a darme una ducha al motorhome y a comer algo.

Me disponía a ponerme de nuevo el mono, cuando me avisaron de que Tomás se había salido de pista y había chocado. En ese momento el cielo se me vino encima. Corrí y vi a Tomás en el muro de boxes, solo y a punto de llorar. Me acerqué a él y le animé: "Las carreras son así". El agua nos había dado la quinta posición y el agua nos la había quitado.

Los ganadores de la edición de 1995 de las 24 Horas de Le Mans fueron J. J. Letho, Sekiya y Dalmas. Yo, tras varios años malos, me proclamé Campeón de España de GT y ahora, con Repsol y Jaguar, mi objetivo está claro: tengo que ser Campeón del Mundo de GT y volver a Le Mans.

quinto relato
TOMA DE DECISIONES
Decisiones épicas

por Juan de Dios Román

> La libertad, al fin y al cabo, no es sino la capacidad de vivir con las consecuencias de las propias decisiones.
>
> JAMES MULLEN

I

Corría el verano del 1996 y la selección se encontraba participando en la penúltima ronda del Campeonato de Europa de selecciones nacionales, que le enfrentaba al combinado yugoslavo en Ciudad Real. El ganador obtendría la clasificación para los Juegos Olímpicos de Atlanta, que se celebrarían ese mismo año. Y nosotros, como selección española, ya nos habíamos asegurado la primera medalla del balonmano español.

Jugar contra Yugoslavia conllevaba presión; no en vano, su balonmano, de larga tradición, caminaba apoyado en medallas olímpicas y títulos mundiales. La presión se avivó la víspera del partido con unas declaraciones de Veselin Vujovic, capitán y jugador del equipo yugoslavo. El carismático jugador actuó con una clara intención táctica, dirigida a desequilibrar sicológicamente al rival. No era osada esta conclusión ya que su entrenador lo había reclutado –estaba al final de su carrera– por su capacidad para dar cohesión a un grupo que aún sufría las consecuencias de una guerra tan particular como la de los Balcanes, además de su conocimiento del balonmano español, en el que había jugado durante varias temporadas.

Vujovic centró sus declaraciones en las dudas históricas del balonmano español durante las confrontaciones internacionales, como, por ejemplo, el fracaso de Barcelona 92 o el más reciente del Campeonato del Mundo de 1995; y fijó, como clave del partido, el desequilibrio que podía suponer para el equipo español la participación de Talant Duishebaiev, destacado talento ruso –nacionalizado español recientemente-, que, según su criterio, era un freno más que una ayuda, dada su falta de afinidad con el concepto de juego de sus compañeros. Romper la confianza del equipo español desestabilizando a su estrella era el objetivo.

A raíz de estas declaraciones pregunté a los jugadores su parecer, con la intención de aglutinar al equipo. Todos opinaron con indiferencia sobre la importancia y los logros que buscaba la estrella yugoslava, excepto Duishebaiev. Su silencio me causó alarma y decidí charlar con él:

–Juan –me dijo– durante mis años de formación en Moscú nunca leí la prensa, y antes de jugar un partido, me concentro solamente en el mismo. Nada del resto me influye.

El propósito del jugador yugoslavo fracasó rotundamente. España ganó a Yugoslavia con poder y un plus de motivación; lo dicho pudo actuar como acicate para nuestros jugadores: ellos también tenían algo que hacer o decir.

Por su parte, Duishebaiev realizó uno de sus mejores partidos con la selección, si no el mejor.

España era ya finalista del Campeonato de Europa tras vencer a Yugoslavia y tenía el pasaporte olímpico. Lleno de júbilo, el equipo nacional se dispuso a festejar en la cena el éxito tantas veces soñado.

No vi a Talant Duishebaiev entre sus compañeros y, al interesarme por su ausencia, me dijeron que no se encontraba en el hotel. Un jugador me comunicó que estaba en el hospital porque se encontraba exhausto. Se unió a nosotros al final de la cena. Aunque los signos de fatiga en él eran manifiestos, sonreía, y anunció que se iba a dormir.

No me extrañó el cansancio de Talant. El partido se jugó con todo el peso de una semifinal, además de las elevadas temperaturas de aquellas fechas. El médico me informó de que el esfuerzo había sido más de concentración que físico, y que le había dejado en una condición de severa pérdida de potasio, que le ocasionaba calambres constantes en todo el cuerpo. También refirió las medidas terapéuticas a seguir: administración de suero y consumo de plátanos fundamentalmente. Acordamos esperar el paso de las horas antes de decidir si podía viajar con el equipo a Sevilla.

Al día siguiente, Talant, con aspecto débil, se sumó a la expedición, pese a que había dormido mal y debía continuar con su tratamiento. Durante el viaje volvió a sentirse indispuesto, con continuos calambres por todo el cuerpo. Quedaba un día para la final. Para él sería una jornada de descanso absoluto; para los técnicos, de decisión: alinear o no a Talant en la lucha por la medalla de oro.

Después de las horas de descanso y tras cenar juntos, cité al equipo para preparar el partido del día siguiente. Camino de la sala de reuniones, Duishebaiev me cogió del brazo y me dijo: –¿No se te habrá ocurrido pensar que no estaré en condiciones de jugar mañana?

Reaccioné de inmediato: –Hombre, claro que no, ¿cómo te ibas a rajar por ese pequeño esfuerzo de ayer? Naturalmente, evité cualquier expresión de estupefacción y tomé su pregunta como un claro síntoma de seguridad y confianza. Talant jugó la final, y volvió a ser el mejor.

II

El equipo nacional había arrastrado desde 1990 una trayectoria negativa que encontró su punto más bajo en 1995, en el Campeonato del Mundo celebrado en Islandia. Durante ese mismo año, me incorporé a la dirección del equipo. Introduje a muy pocos jugadores nuevos y mantuve al núcleo principal, que tenía éxitos en competiciones con sus clubes, pero que cargaba con la amargura de varios fracasos y con el calificativo de "perdedor".

Nuestro primer objetivo era olvidar traumas pasados; las fórmulas y actitudes que aplicáramos irían encaminadas a ello.

Por muchas palabras que gastara en esa tarea no iba a sacar al equipo de su desánimo; era evidente que sólo una serie de buenos resultados los recuperaría anímicamente. La ayuda del capitán, Jaume Fort, fue vital en el manejo del vestuario y en el tiempo libre.

La victoria en el partido contra Yugoslavia fue uno de esos buenos resultados; fue clave en la nueva trayectoria y también supuso el pasaporte para Atlanta.

Hablar de los Juegos Olímpicos de Atlanta es referirnos a la consolidación del equipo nacional. España disputó contra Francia, conjunto que últimamente nos había superado, la medalla de bronce. Y la ganó: fue el éxtasis.

En el entrenamiento anterior al partido, en un recinto atestado de gente que ultimaba detalles de organización, como es propio en la dinámica de unos Juegos Olímpicos, se produjo cierto desconcierto entre los jugadores. Uno de ellos en particular, titular indiscutible, tuvo una actuación desacertada y una permanente falta de concentración, lo que me llevó a decidir que saliera del equipo titular para tan importante partido. Convoqué a todo el equipo antes de la cena y comuniqué la alineación. Mi decisión produjo un sobresalto evidente en algunos jugadores. El reflejo de esta agitación quedó de manifiesto por el silencio sepulcral. ¿Cómo era posible que un jugador tan importante, titular indiscutible, no jugara en una cita clave?

Al día siguiente se me acercó Jaume Fort, el excelente capitán, para hacerme notar su extrañeza. No acertaba a comprender los motivos y entendía que debía hacerme llegar el sentir del equipo.

La decisión fue tomada por un motivo táctico y por el rendimiento del jugador en el último entrenamiento. Respondí al capitán con una amplia sonrisa, esperando que se lo transmitiera al resto. No cabe duda que había un punto de desconfianza del equipo en el entrenador.

Se jugó el último partido; Iñaki Urdangarín, en su condición de zurdo, tenía que desarrollar la tarea del jugador antes descartado. El partido transcurría por buenos derroteros, hasta que Iñaki, inconscientemente, cometió una falta grave y resultó descalificado. Nos quedábamos vacíos en la posición de apoyo: un jugador no convocado y su sustituto descalificado. Los jugadores se vieron en la situación emocional de anteponer el partido al desacuerdo. Dominándose y aportando un esfuerzo colectivo enorme, vencieron.

Más adelante, cuando festejábamos el éxito, les dije:

–Para tomar decisiones arriesgadas hay que tener confianza en el conjunto y yo, después de veros en Ciudad Real, la tenía.

III

Habían trascurrido cuatro años de todo aquello. España luchaba para acceder a las medallas en los juegos olímpicos de Sidney. En cuartos de final, una gran dificultad: la selección alemana. Los germanos componían el equipo en mejor forma en aquel momento, especialmente porque sus componentes llevaban varios partidos disputados en la Bundesliga, que había comenzado en julio. En septiembre, sus integrantes estaban en perfecta disposición para competir en los juegos.

El encuentro con Alemania, que otorgaba al vencedor oportunidad de luchar por las medallas, estaba siendo muy reñido. Los alemanes contaban con una ventaja sobre nosotros de dos goles. Demetrio Lozano empató el partido a cincuenta segundos de su conclusión y, gracias a una recuperación de balón, tuvimos la posesión a trece segundos del final. La situación en ese momento tan delicado era de cinco contra cinco por una doble exclusión. Tiempo muerto.

La posición de central en balonmano y sus responsabilidades en el juego suponen una prolongación del entrenador en cancha; dirige el juego y selecciona jugadas preparadas, además de tomar incidentalmente decisiones de tipo táctico.

Durante el tiempo muerto apunté una decisión táctica como la más oportuna para el éxito; en décimas de segundo, el central, Talant, tras hablar con dos compañeros, se acercó a mí, me miró y me dijo:

–No, Juan, no, ya hemos tomado nosotros una decisión.

Ellos eligieron otra opción basándose en su confianza: marcamos gol y conseguimos el acceso a las medallas, repitiendo el éxito de Atlanta 96.

sexto relato

COHESIÓN DE EQUIPO

El espíritu de Lituania

por Maribel Martínez de Murguía

Gracias a la ilusión prosperan los más pequeños estados.
Por la discordia se destruyen los más grandes.

SALUSTIO

Verá, yo practicaba un deporte –aún lo hago como técnico– de los llamados minoritarios, el hockey sobre hierba. Es de esos deportes que tienen la categoría de olímpico y de los que sólo se sabe de ellos una vez cada cuatro años coincidiendo con la celebración de los Juegos. Nosotras ganamos los Juegos. Fue en Barcelona y fue gracias a que varias experiencias nos marcaron como jugadoras y contribuyeron a que formáramos un equipo sólido, que no se derrumbara ante las adversidades.

Por aquel entonces hicimos una gira de partidos amistosos por Europa, porque, a pesar de la poca publicidad y afición que genera el hockey, en ocasiones nos trasladamos más allá de los Pirineos. Empezamos en Holanda, donde nos instalaron en un centro de alto rendimiento, en el que, visto lo que vendría después, deberíamos haber disfrutado mucho. Allí estuvimos muy bien. La cosa empeoró un poco en nuestro destino siguiente, Alemania, donde también jugamos amistosos. Estuvimos en un albergue en el que las mesas y las sillas de los comedores eran diminutos. Algunas de mis compañeras no pudieron ni sentarse; era un albergue destinados a niños pequeños.

Pero lo grave estaba por venir. Viajábamos a Moscú, para luego embarcar en avión con destino a Lituania y jugar allí, cuando nos dijeron que no había avión. En su lugar nos propusieron una travesía en autobús de 1.500 kilómetros a cubrir en 24 horas. Nuestro entrenador, en su faceta de ilusionista, trató de convencernos a toda costa. Aquello sonaba a peregrinación y exigimos saber qué era eso tan estupendo que ofrecía la localidad lituana adonde dirigíamos nuestra romería... Él, hombre obstinado, tuvo un pronto creativo y nos fabricó una estampa tan brillante que decidimos creerle. Nos subimos al autobús y emprendimos el viaje.

Los hermanos Marx hubieran reventado de risa con aquel pequeño autobús con las comodidades de los autobuses españoles de los años cincuenta, que obligaba a los pasajeros a viajar con sus pertenencias, y el equipamiento necesario para el juego, entre las piernas y sobre la cabeza.

Una vez en la villa lituana nos dimos cuenta de que la estampa perdía brillo. Efectivamente, se nos abría un mundo nuevo de colores y sabores, solo que estos últimos no nos gustaban nada. Hubo una huelga de hambre involuntaria, cosa mala para un deportista, y nuestro médico decidió irrumpir en la cocina del hotel y preguntar con gran autoridad si en aquel lugar remoto existían huevos y patatas. Al descubrir que sí, con gran destreza y sin perder su autoridad, les mostró a los cocineros del lugar el raro arte de la confección de la tortilla de patata, dándole preponderancia en el menú.

Se trataba de Shiauliai, una ciudad lituana de provincias donde todo escaseaba. Nos alojábamos en un destartalado hotel en el que por las noches, antes de acostarnos, espantábamos las cucarachas de las camas. Las instalaciones deportivas no eran mucho mejores y no era fácil conseguir artículos de primera necesidad, y aquello nos estimulaba el ingenio. La gasolina estaba racionada y por seis pesetas merendaba, de lo que había, todo el equipo. Sólo la gente, encantadora, hospitalaria y deseosa de conocernos mejor, nos consolaba. Y también nos consoló bastante una excursión a la que nos llevaron, en el bosque, donde los más pudientes nos dejaron disfrutar durante unas horas de su pequeño balneario de cabañas, saunas y aguas termales.

Una de las tardes disputamos un partido contra la selección lituana. El campo se llenó. Estábamos sorprendidas, y un poco envidiosas, de la afición que despertaba en aquella ciudad nuestro maltratado deporte. Nada más terminar el partido, sacaron tres inmensos bombos al terreno de juego. La gente empezó a adquirir boletos. Todos querían alguno. Se rifaron tres regalos. El tercero era un coche, un Lada, cuyas evoluciones por el campo despertaron el aplauso rabioso de los espectadores. Hay que reconocer que los organizadores del partido habían invertido dinero y esfuerzo para proporcionarnos aficionados.

Ya de regreso íbamos a viajar, esta vez sí, en avión a Moscú, desde donde saldríamos en otro hasta Viena y desde allí a Madrid. La gran sorpresa fue que el aeropuerto de Shiauliai estaba cerrado con un candado imponente. Nadie imaginó la posibilidad de un viaje en autobús hasta Madrid, y si alguien lo hizo, se lo calló cobardemente. Al cabo del tiempo, un operario, una azafata, y un piloto llegaron dispuestos a abrir la puerta. Ellos mismos constituían a un tiempo tripulación y personal de tierra. El operario facturó y nosotras nos vimos forzadas a componer una cadena humana para hacer llegar los equipajes al avión. Una vez que estuvo cargado el avión, el piloto nos dijo solemnemente que "el pájaro" no aguantaría tanto peso: el equipo o el equipaje; y nosotras estábamos desoladas, pero no dispuestas a deshacernos de nuestro equipaje. Por fortuna, tres horas más tarde, nos concedieron un avión apropiado. Cuando lo vimos aparecer por el aire, saltamos a la pista de aterrizaje a darle la mejor de las bienvenidas. Claro que otra vez tuvimos que componer la cadena humana.

Aquellos problemas extradeportivos hicieron de nosotras más equipo que nunca. En adelante, poco nos amedrentaría cualquier adversidad.

El año anterior a las Olimpiadas jugamos la Copa de Europa de Naciones en Bruselas. Nuestro objetivo era subir al pódium; pero las cosas no marcharon exactamente como esperábamos y, para poder llegar a semifinales, teníamos que ganar a la selección austriaca por una ventaja de doce goles.

En hockey sobre hierba se alcanzan resultados de dos, tres, o incluso cuatro goles. Pero lograr doce goles de diferencia sobre otro conjunto nacional...

Pero éramos un conjunto curtido, acostumbrado a los contratiempos. Nuestro técnico, tenaz como era, se leyó el reglamento con la esperanza de encontrar un recurso que nos ayudara. Y lo encontró: según el reglamento, los porteros deben llevar una camiseta distinta a la del resto de los jugadores, además de un casco; no decía nada más, ni explicaba el tipo de casco. Aquel día la portera convencional se sentó en el banquillo y una de las jugadoras de campo hizo de portera. Llevaba un casco de ciclista, mucho más ligero y cómodo, en lugar del casco habitual que no te permite ver a los lados ni, por tanto, participar en el juego normalmente. Así contamos con un jugador ofensivo más y un resultado sorprendente: 9-0. No conseguimos la clasificación, pero el esfuerzo bien mereció la pena: nos hizo todavía más perseverantes.

Otra muestra de la astucia de nuestro entrenador fueron nuestros nuevos palos. El stick con el que jugamos a hockey, al ser cilíndrico en la empuñadura, no da ninguna información sobre la altura por la que lo tienes que agarrar cuando se te cae o cuando modificas las manos para ejecutar un gesto técnico determinado. Él nos hizo unos palos a medida, con unas muescas para saber por dónde deberíamos cogerlo. De esta forma gozábamos de un tiempo extra frente a nuestras rivales.

En otras ocasiones fuimos las propias jugadoras las que nos adaptamos a situaciones que no nos agradaban. En Australia nos asignaron los entrenamientos por la noche. Cansadas de aquel horario, decidimos acudir a los entrenamientos en ropa de cama. Nos pusimos pijamas y camisones y asistimos al entrenamiento cantando *Vamos a la cama*. Aquello cambió nuestra actitud y nuestro talante a la hora de entrenar, rompió la rutina.

¿Y tanta penalidad, peripecia y tanto esfuerzo para nada? Habíamos conducido toda clase de vehículos, cargado bultos, habíamos viajado en condiciones patéticas, habíamos cocinado, entrenado a horas insólitas...

Llegó 1992 y también los Juegos Olímpicos, en los que participábamos, con independencia de nuestros resultados, por ser el equipo del país organizador. Nos alojamos en la Villa Olímpica como el resto de atletas. Era un paraíso lleno de comodidades. Pasados los primeros días de los juegos comenzaban a verse medallistas y, claro, periodistas. En cierta ocasión, apareció un deportista de aspecto sueco con una medalla sobre su pecho. Nosotras mirábamos extasiadas la medalla –quizá la vista del atleta también nos provocara cierto entusiasmo–, pero lo que más nos llamó la atención fue la nube de periodistas que, a codazos, nos apartaba de él. A nosotras nos ninguneaban.

En la pista de atletismo de la Villa vimos al mismísimo Carl Lewis, aquel ser señalado por los dioses. Tras durísima deliberación, decidimos mandar, en misión suicida, a la jugadora que, de entre nosotras, mejor hablaba inglés. Lewis aceptó fotografiarse, pero ni se levantó de la silla donde estaba sentado, ni miró a la cámara una sola vez. Esto le quitó parte de grandeza al personaje, aunque no rebajara en nada su excelencia deportiva.

En nuestros partidos descubrimos que nuestras experiencias anteriores nos habían hecho más fuertes en varios aspectos, incluida la inventiva. Nuestro patrocinador era Kelme. Una falta sancionable muy común en el hockey es dar a la pelota con el pie. Decidimos jugar con unas zapatillas blancas que solicitamos expresamente al patrocinador. La pelota siempre es blanca y así confundiríamos a los árbitros. A partir de aquellos juegos se introdujo en el reglamento la prohibición de jugar con zapatillas blancas, pero fuimos el equipo a quien menos pies pitaron.

El equipo más ingenioso y el más duro. Durante los partidos olímpicos, cuando estábamos cansadas o en apuros, alguien gritaba desde el banquillo: ¡Acordaos de Lituania! Fue nuestra poción mágica. Ganamos.

Medalla de oro. La paciencia y el aguante que adquirimos en aquella ciudad del Este hicieron, en buena parte, posible aquel éxito.

séptimo relato
GESTIÓN DEL CAMBIO
Daños colaterales

por Juan Antonio Corbalán

A todos los que nunca supieron el daño que la lucha por el poder puede causar.

El poder cree que las convulsiones de sus víctimas son de ingratitud.

RABINDRANATH TAGORE

Cuando los elefantes luchan, quien sufre es la hierba.

PROVERBIO AFRICANO

Yo había llegado al equipo con apenas diecisiete años y, junto con otros tres o cuatro jugadores jóvenes, ignoraba los entresijos que rodeaban la lucha por el poder que se había desatado. Desconocía la magnitud de aquella guerra y el precio que podrían pagar sus víctimas. Entonces sólo sabía que nos habíamos clasificado con dificultades para aquellos Juegos; que estábamos en el descanso de un partido que, a todas luces, Estados Unidos iba a ganar fácilmente, y que el entrenador había decidido que saliéramos a la cancha los más jóvenes del equipo. La bronca estalló en el vestuario, pero venía de atrás.

Unos meses antes me había encontrado el equipo en plena transformación. La presidencia de la Federación Española de Baloncesto había cambiado, y un grupo nuevo y voluntarioso llegaba con ganas de hacer bien las cosas; mientras, los directivos salientes se torturaban preguntándose por las razones de su derrota.

Lo que había empezado como contienda electoral se había convertido en una guerra callada de consecuencias deportivas funestas. Nos llevaría muchos años y mucha energía resolver los conflictos que se generaron en catarata a raíz de ese cuerpo a cuerpo en las alturas. Empleados, entrenadores, asistentes y jugadores fuimos las víctimas civiles de aquel enfrentamiento.

Para muchos empleados, la victoria del contrapoder supuso la necesidad de recolocarse profesional y emocionalmente. Algunos necesitaban su puesto de trabajo; otros, decidieron abandonar, mostrando abiertamente su lado más hostil a los recién llegados, que venían con la intención de hacer bien aquello que parecía estar saliendo mal.

Los entrenadores –algunos de ellos ya no están con nosotros– también tuvieron que optar. Aunque en un primer momento todos dimitieron en bloque, su jefe permaneció al frente de la nueva estructura técnica. El tiempo lo ha borrado todo, pero muchos de los salientes tacharon entonces de traidores a los que permanecieron.

Los jugadores tampoco quedamos a salvo. Muchos, tras los fracasos deportivos de la selección y unos cambios jerárquicos con los que no se encontraban cómodos, renunciaron al equipo nacional. Allí, en el equipo, convivíamos jugadores veteranos, escépticos y frustrados por las derrotas de los últimos campeonatos, con jóvenes que desconocíamos las intrigas que estaban envenenando la selección. La entrega emocional de cada uno de los jugadores era diferente; la deportiva, unánime y total.

Los veteranos del equipo, curtidos en mil batallas, en sus clubes y en la selección, eran hombres afines a los directivos salientes, soldados luchando bajo las órdenes de unos generales que no eran los suyos. Había también jugadores de pocas fidelidades, no tomaban partido en aquella guerra y no veían grandes diferencias entre "los otros" o "éstos". Además, estaban los jóvenes, con carreras de gran futuro y que veían las competiciones como una oportunidad para demostrar su valía, jugadores que lucían un historial de grandes éxitos en sus respectivos clubes. Y, por último, estábamos los meritorios, casi becarios. El equipo nacional, para nosotros, era un premio en sí mismo. Teníamos fe en nuestras posibilidades, pero sabíamos que había mucho camino por delante.

La guerra menguó enseguida las reservas de fidelidad –y sin ella ningún colectivo tiene la más mínima posibilidad de éxito–. El tiempo me hizo comprender que en aquella nueva etapa no todas las voluntades fluían en la misma dirección y que eran varios los que parecían defender una idea con la que, sin embargo, no se encontraban identificados. Era un terreno minado por la desconfianza y se agrietaba la cohesión que, para el éxito, necesitaba aquel proyecto que acababa de nacer. Los más jóvenes sólo intuíamos mal ambiente, pero sospecho que debió de ser muy difícil para los que capitaneaban la nueva era.

Los directivos salientes veían casi con gozo las dificultades por las que pasaban nuestros equipos inferiores y la propia selección nacional. La maquinaria se movía insegura, pero no podía pararse. La selección junior, de la que yo también formaba parte, hizo un pésimo papel. Sus entrenadores en ningún momento tuvieron el reconocimiento y el respaldo exterior que necesitaban. Además, todo era de una provisionalidad inquietante; nadie quería embarcarse en aquella nave con tantos polizones a bordo y tantos enemigos en tierra firme.

Los directivos sabían que cualquier decisión sería juzgada sin ninguna piedad y dudaban del grado de fidelidad de muchos de los jugadores veteranos, altamente relacionados con la directiva anterior. Sus pasos eran inseguros. Aquellos que trabajaban en relación directa con el jugador no eran insensibles a esta precariedad generalizada y realizaban su trabajo con un ojo puesto en posibles salidas de futuro, en vez de concentrarse en la necesidad inmediata de superar los inminentes retos deportivos.

Aquel equilibrio inestable se convirtió en nuestro hábitat y aunque el estímulo de la pelea por el triunfo atenuaba los sentimientos negativos, a veces se imponían la inseguridad y el miedo. Pero nuestra ilusión se alimentaba de esperanzas deportivas, salvaguarda de nuestra dignidad, y de las recompensas económicas, que intentaban apuntalar nuestra fidelidad al proyecto. Los jugadores estuvimos muy bien pagados, pero nos faltaban anclajes emocionales. Se respiraba la angustia por un buen resultado para poder levantar la cabeza.

Todos los jugadores necesitan demostrarse a sí mismos y demostrar a los demás sus talentos y sus posibilidades de proyección profesional. La necesidad de sobrevivir dentro del equipo nacional hacía que todos nos esforzásemos. Por delante quedaba un preolímpico y de él dependía nuestra participación en los Juegos Olímpicos, el mejor estímulo en la vida de cualquier deportista.

Contábamos con dos oportunidades para clasificarnos para los Juegos. El primer torneo, el europeo, nos dejó a las puertas: un triple empate; nosotros, terceros. Pero habíamos jugado muy bien y afrontábamos la última oportunidad de clasificación, la fase mundial, con ciertas ansias; necesitábamos demostrarnos que no había sido casualidad.

Nos clasificamos en la repesca mundial, y la alegría de la clasificación atenuó los sinsabores y la fatiga. Pero, a pesar de que hacia el exterior éramos un equipo sonriente y feliz, por dentro, los intereses individuales pugnaban por imponerse de cara a los Juegos.

Entonces se produjo un cambio en la utilización de los talentos del equipo. El entrenador se hizo más conservador, acuciado por la búsqueda de una buena clasificación, y algunos de los jóvenes que habíamos gozado de muchos minutos de juego durante la fase clasificatoria fuimos perdiendo protagonismo en favor de los veteranos.

El equipo adquirió un corte ya conocido en anteriores campeonatos y traía a la memoria los fracasos de los últimos años. Los jugadores protagonistas no eran malos, en absoluto; pero las posibilidades de desarrollo de los nuevos talentos se habían abortado, provocando el desencanto en los más jóvenes, cuyas expectativas deportivas se desdibujaban. Lo que yo veía entonces era un equipo renovado exclusivamente en su fachada y que olía a un pasado que se quería superar; una competición compleja, que nos enfrentaba a los más importantes del mundo, y una atmósfera resquebrajada por una convivencia larga y por el estrés acumulado por todos.

En aquel momento todo dependía de los resultados. Eran muchos los que tenían puestas sus esperanzas en que una buena clasificación nos evitara la necesaria reflexión sobre nuestras carencias como equipo. Como tantas veces en tantos sitios, se confiaba en que la obtención de la meta echara tierra sobre los numerosos errores cometidos en el camino para obtenerla.

Pero en esta ocasión los resultados no nos iban a ayudar; al contrario, actuarían como detonante de una gran crisis.

El equipo no logró clasificarse para jugar en los puestos de cabeza y esto abrió grietas insalvables entre los veteranos, que mostraban cierta nostalgia del pasado; los jóvenes, que asistíamos a lo que pasaba como espectadores de primera fila y sin saber qué hacer; los directivos, que perdían su capacidad de influencia y veían cómo los jugadores se acercaban más a los que ellos habían sucedido, y un entrenador que se había desmarcado de los anteriores por intereses del momento, que se debía a los nuevos pero estaba con los antiguos y, lo que era más grave, que había perdido el vínculo que le unía a sus jugadores.

Hubo de todo: búsqueda de culpables, ásperas discusiones, graves errores de planificación; todo se interpretaba de manera negativa y todo enfrentaba a todos con todos. El equipo se había fragmentado en grupúsculos de afinidad por regiones, clubes, simpatías, etc.

Y así llegamos a aquel descanso. A lo largo de toda la competición sólo habíamos jugado un partido aceptable, en el que batimos a Australia; el resto habían sido malos partidos, perdidos en su mayoría. Éramos un equipo derrotado de antemano, cuyo único objetivo era salir de cada encuentro indemne, en lo posible. Estados Unidos nos ganaba por mucho cuando se pitó el descanso. Ante la inoperatividad del equipo durante todo el campeonato, y dado que era un partido perdido de antemano, el entrenador había decidido utilizar a varios jugadores jóvenes, que prácticamente no habían jugado con la selección, pero que venían consagrados por sus clubes.

Probablemente intentaba ahorrarles la derrota a los veteranos y darles la oportunidad de descansar. Total, era un partido en el que salíamos a perder. Y estábamos cumpliendo con lo previsto.

El vestuario se llenó de amargura. Muchos de aquellos rostros reflejaban el dolor de la herida en el amor propio. Otros buscaban demostrar la culpabilidad ajena. El entrenador estaba solo y los directivos asistían atónitos al espectáculo de todo un equipo escapándoseles de las manos. Fuera, los antiguos directivos esbozaban sonrisas de complicidad.

Se optó por lo más fácil y lo más injusto: declarar culpables a aquellos jugadores con menor veteranía dentro del equipo. Se les acusó de no entregarse, de desconocer el significado y la importancia de un equipo nacional... Aquellos jugadores sabían que habían salido a jugar contra Estados Unidos porque el entrenador no quería inmolar a sus veteranos y se defendieron. Sus argumentos eran irrebatibles:

–No nos has utilizado en todo el campeonato, jugamos apenas unos minutos, ¿y nos culpas de perder un partido que sabías positivamente que íbamos a perder? No tienes valor para enfrentarte a las figuras, por eso nos culpas a nosotros.

El grupo de jugadores intocables, sintiéndose aludido, entró en liza:

_¿Acaso nosotros, que hemos dado todo durante tantos años, nos merecemos este trato por parte de los jóvenes?

Hubo insultos, gestos obscenos... Yo asistía sobrecogido a aquella explosión de violencia y aguardaba. El entrenador se encontraba en momento difícil, necesitaba de la ayuda de los directivos, pero los directivos parecían también paralizados por aquel estallido. Sólo consiguió algunos tímidos comentarios pacificadores. La soledad le hizo adoptar una defensa basada en la autoridad y se dirigió con dureza a uno de los jugadores:

–Aquí se hace lo que yo digo. Si no quieres jugar en este equipo, ahí tienes la puerta.

Había herido, nuevamente, el orgullo de aquel jugador joven, que respondió con la ruptura total y con la amenaza más concreta de despojarse de la camiseta de la selección allí mismo y abandonar el equipo; un escándalo.

El responsable técnico reculó. Incluso extendió su mano para ofrecerla en señal de paz. Pero la herida sangraba y el jugador la rechazó.

Fueron quince minutos terribles que acabaron sin agresiones físicas –aunque en varias ocasiones se rozó la posibilidad–, pero que marcaron un antes y un después. El después consistió en un mal resultado en los juegos –décima posición– y un tobogán hacia la desesperanza, el rencor y la desunión. Una ruptura que sobrevivió a la competición y que, finalmente, obligó a una nueva reestructuración del poder federativo.

Hubo de pasar mucho tiempo hasta que una nueva generación cambiara la fisonomía del equipo, ajenos ya, los jugadores, a las rivalidades de años atrás, y se consiguiera crear una idea de uniformidad emocional. Se necesitaron muchos años, y en ellos se perdieron muchas ilusiones. Las labores de reconstrucción tras la guerra nunca son sencillas.

¡¡AAA!!
¡¡AY!!
¡¡NO!!
¡¡OUCH!!

octavo relato

EL RENDIMIENTO

Parrilla de salida

por Balba G. Camino

A mis padres, que me han transmitido toda su ilusión por la vida.

Si nos quitan la posibilidad de equivocarnos,
nos quitarán el placer de acertar.

ALDO CAMAROTA

Mi deporte es el automovilismo deportivo en circuitos. Ya a los dieciséis años tenía muy claro que quería dedicarme profesionalmente a las carreras. No es un deporte muy practicado por mujeres y eso lo hacía aún más atractivo.

Desde pequeña he estado vinculada al automovilismo gracias a mi padre, Fernando González-Camino, un apasionado del mundo de las cuatro ruedas. Su inagotable curiosidad por todo lo que tenga que ver con el automóvil le valió el título de *Supersabio del Automóvil*, otorgado por una conocida revista especializada. Cuenta con un gran palmarés como jefe de un equipo de carreras, así que no podía tener mejor maestro para aprender lo que ahora sé sobre automovilismo. Cuando cumplí catorce años, mi padre era –sigue siéndolo hoy– director general de la Escuela de Pilotos Emilio de Villota. Un día me fui con él al circuito porque quería aprender a conducir. Confieso que, tras mi primera vuelta, prometí no volver. Fue en el asiento trasero de un coche de calle que conducía Jordi Gené, uno de los mejores pilotos españoles, que en esa época estaba aprendiendo. Pero incumplí mi promesa: empecé a ir a cursos y carreras. Cuando me quise dar cuenta, estaba como loca buscando patrocinadores para empezar a correr.

En 1993 yo tenia veintiún años y tres de experiencia en automovilismo deportivo. Los dos primeros años, 1990 y 1991, habían ido muy bien y conseguimos lo imprescindible: ganar dos campeonatos. Era la primera vez que, en España, una mujer ganaba un campeonato de automovilismo. Para la temporada 1993 me planteé un nuevo reto: correr la primera edición de la Copa Porsche española e intentar ganarla. Todos los coches que corrían eran iguales, Porsche 968 CS de 280 caballos. Se había levantado mucha expectación y la calidad de los pilotos inscritos era excelente.

Aquel año yo tenía todo de mi parte: el equipo con el que contaba era buenísimo y me patrocinaba una de las multinacionales petroleras más importantes. La temporada marchaba muy bien; había carreras mejores y peores, pero desde el principio estaba en las posiciones de cabeza y terminando las carreras, algo muy importante para ganar, ya que los campeonatos funcionan mediante un sistema de acumulación de puntos, según los resultados en las carreras. Uno de mis más directos rivales era Emilio de Villota, uno de los pocos ex pilotos españoles de Formula 1. Para mí, correr contra él era todo un orgullo.

También era un reto enorme. Pero nunca hay que subestimarse, aunque en aquella época yo todavía no lo sabía y, cada vez que tenía que adelantar a un piloto que por palmarés y experiencia me superaba, lo pasaba fatal, me pensaba muchísimo la decisión y la maniobra. Pero en este deporte todo tiene que ser rápido y calculado. Para un piloto, un segundo es casi una eternidad, es todo un mundo de movimientos; un segundo de diferencia con el primer coche puede significar salir el último en una carrera. Es como si el tiempo transcurriera de otra manera cuando estás al volante en un circuito.

El 19 de Noviembre de 1993 llegamos al circuito de Jerez. La temporada estaba casi agotada, quedaba la última carrera. Yo llegaba al circuito en primera posición del campeonato y con una clara diferencia de puntos con respecto al segundo. Con que entrara tercera en la meta, la primera edición de la Copa Porsche española sería mía.

En los entrenamientos oficiales, que son los que marcan la posición de salida de la carrera, hice el mejor tiempo: saldría primera. El momento de más tensión de un fin de semana de carreras es el de la salida. Cada piloto tiene su propia técnica de concentración. Yo utilizo la visualización: trato de imaginar cómo me gustaría a mí que se desarrollase la carrera, los adelantamientos, mi forma de conducir, mi estado de ánimo, la bandera de llegada y me veo terminando justo en la posición que deseo. Aquel día, después de la vuelta de entrenamiento, nos fuimos colocando en nuestras respectivas posiciones, y sentí un pequeño cosquilleo nervioso en el estómago. Lógicamente, en el momento de más tensión y más importancia de la carrera, el corazón siempre sube de pulsaciones y puedes incluso llegar a sentirlo.

Al ponerse el semáforo verde para iniciar la carrera, me quedé parada. Reaccioné despacio y salí tarde, lo suficiente para que me adelantaran el segundo y el tercer participante. Estaba furiosa y empecé a rodar detrás del piloto que estaba en segunda posición. Podía adelantarlo, iba más rápido que él pero, cuando estás detrás de alguien en un circuito, la pista, que parece tan ancha cuando la recorres andando, se estrecha. Teníamos catorce vueltas de carrera por delante para decidir quién sería el campeón, catorce largas vueltas, media hora de carrera aproximadamente. El fallo en la salida me torturaba y no encontraba sitio para adelantar, aunque estaba rodando más rápido que el segundo participante. Tenía esa sensación tan increíble de armonía con mis movimientos, como si todo surgiera de forma fluida y natural; pero Emilio, que estaba en primera posición, se me estaba escapando.

Cuando ya estábamos terminando esa primera vuelta, en la zona más rápida del circuito, tomé la decisión de adelantar. Entré a la velocidad que normalmente solía hacerlo, decidida a preparar el adelantamiento. Creí tener todo calculado, pero no tuve en cuenta que el otro participante entraría más despacio que yo. Estaba pegada a la parte trasera de su coche y, al pasar por el vértice interior de la curva, sentí como frenaba la velocidad y se abalanzaba sobre mí. Todo ocurrió muy lentamente, aunque en realidad sólo fueron unos pocos segundos. Tuve que levantar el pie del acelerador para no darle un golpe. Y el golpe me lo llevé yo. La parte trasera de mi coche perdió adherencia e intenté corregir para evitar el trompo, pero fue inútil. Vi como mi coche se salía de la pista sin posibilidad de volver a entrar y terminar la carrera. Me había quedado fuera. No sólo perdí el campeonato, mis opciones como subcampeona también se esfumaron; tuve que conformarme con la tercera posición.

Durante esa primera vuelta no estaba concentrada en mi objetivo final: ganar el campeonato. Después de tantos años, todavía me pregunto por qué me empeñaba en ganar también la carrera y, además, en la primera vuelta. Un tercer puesto habría bastado para alcanzar mi meta.

El automovilismo no es un deporte individual y ganar o perder no te afecta a ti sólo, ni depende sólo de ti. Hay patrocinadores que han puesto mucho en juego, y un equipo técnico que se ha desvivido. Cuando el error es tuyo, te vienes abajo. Tanto trabajo para terminar así…

Pero de todo se aprende y, desde ese día, cada vez que me he encontrado en una situación similar –y me ha ocurrido varias veces–, mi cabeza se ha adelantado a mis movimientos.

noveno relato
LA CONFIANZA
La falta

por Andoni Zubizarreta

No se puede tocar el tambor con un solo dedo.

PROVERBIO AFRICANO

El 31 de octubre de 1993, el Fútbol Club Barcelona, que entonces dirigía Cruyff y cuya portería guardaba yo, acudió a jugar, en partido de liga regular, contra el Atlético de Madrid en el estadio Vicente Calderón. No nos estaba yendo muy bien en la liga.

El Atlético de aquel entonces era un conjunto que lo mismo era capaz de batirse contra el mejor que de hundirse frente a conjuntos mediocres; el Barça, un equipo genial, con unos grandes jugadores poco celosos los unos de los otros y de gran capacidad de liderazgo. Se me exigía mucho: éramos los mejores y había que jugar como los mejores, pero lo hacía muy a gusto; el Barça era un equipo especial.

Contra el Atlético de Madrid empezamos bien, ¡qué digo bien!, tocamos la pelota y tuvimos la posesión cuanto quisimos. Ganábamos y nos gustábamos, vaya; y nos pusimos tres tantos arriba, 0-3, así de contundente.

Empezamos marcando, Romario en el minuto 14, y, después, de nuevo él, en el 24, con un sombrero a la defensa atlética. Romario volvió loco a Solozábal –entonces, central del Atlético– en jugadas sólo comparables a las que le hizo al Real Madrid. Créanme si les digo que Solozábal era un gran central, pero nada pudo hacer. Pusimos colofón a nuestra exhibición con otro gol de Romario, con la izquierda y en el minuto 34. Los rojiblancos estaban sentenciados. Entre el público, silencio.

Pero todo lo que ocurrió después dejó a los jugadores del Barça, incluyendo al que escribe, con cara de pasmo. Primero marcó Kosecki, al contragolpe, mientras yo me quedaba vendido. Después fue Pedro: se me ocurrió colocar a dos defensas en la barrera para obligarle a chutar hacia mí. Disparó un zurriagazo impresionante –al que aún llegué a pesar de haber medido mal–, me dobló la mano y marcó. Quedaban cuarenta minutos y empató Kosecki. Por último, un rechace en un córner en área rojiblanca, en el que pedimos un justo penalti a Romario, terminó en gol de Caminero al contragolpe.

El resultado final fue un 4-3. Los espectadores del Calderón levitaban. El tan manoseado todo es posible, en el que no crees hasta que lo experimentas, es posible.

Tras el partido, Johan declaró: "Qué bonito juega el Barça, pero, si pierde, no sirve de nada". Aquel Barça jugaba muy abierto, sin racanerías, al ataque; esto hacía mis funciones de portero, de último hombre, más difíciles. En fin... la soledad del guardameta. Cuando la Fundación La Caixa recreó mediante una maqueta y un espectacular juego de luces el gol de Koeman, el famoso 1-0 de la final de la Copa de Europa del 92 contra la Sampdoria de Génova, les dije entre bromas: "El uno ha quedado estupendo, lo que no veo es el cero...".

En Barcelona hubo fuertes críticas a nuestra actuación frente al Atlético; en Madrid fueron demoledoras. "Rayos, truenos y centellas", como diría el capitán Haddock de los comics de Tintín, cayeron sobre nosotros.

El miércoles siguiente nos enfrentábamos al Austria de Viena con el objetivo de ganar y así meternos en la liga de los ocho mejores equipos que se disputarían la Copa de Europa. Johan preparó un partido muy sobrio y ganamos jugando fuera, aunque sin brillar. Laudrup no fue convocado como titular, se cayó de la lista, y yo encajé un gol de Ogris; digamos que no estuve fino. Pero iba a pagar cara mi torpeza: tres partidos en el banquillo.

El sábado 6 de noviembre, víspera del partido en casa contra el Racing, Johan criticó al equipo, a la afición y al club. Al día siguiente calenté el banquillo sin recibir explicación alguna de su parte o de alguien del cuerpo técnico. No se puede decir que estuviera loco de contento.

Ganamos al Racing, 2-1, y yo fui suplente por vez primera después de ciento veintisiete partidos consecutivos como titular en primera división. La prensa había sabido antes que yo que iba a chupar banquillo y, molesto, critiqué, en unas declaraciones, la falta de tacto y de explicaciones.

Justo entonces, Javier Clemente me llamó para anunciarme que jugaría con la selección contra Dinamarca a pesar de no ser titular en aquel momento en el Barça, donde Busquets me había sustituido. Agradecí que me lo dijera antes que a la prensa. Los medios deportivos le preguntaron a Javier su opinión sobre mi suplencia en el Barça. ¿Cómo podía ser suplente en mi club y portero titular en la selección? "Sentar a Zubizarreta en el banquillo corresponde al criterio de Cruyff –señaló Clemente–. Lo respeto, pero no lo comparto". También dijo: "Le puede afectar la suplencia en su equipo. De todas formas sabe que yo confío en él y que conmigo sería el portero de la selección con setenta y siete años".

Mientras en Madrid recibía apoyo en la rueda de prensa de Clemente, en Barcelona, Cruyff declaraba que el cuerpo técnico del Barça hablaría conmigo enseguida y que mi suplencia se debía, más que a posibles fallos, a una falta de concentración. También adelantaba que no era descartable que continuara de suplente a la vuelta de la selección. Mis compañeros en la plantilla dijeron, por su parte, que mi suplencia en el Barcelona había sido una sorpresa para todos ellos. Yo continuaba disgustado por la falta de un encuentro con el cuerpo técnico del Barcelona, en el que, personalmente, me hicieran saber los motivos de mi suplencia. Así lo manifesté también en los medios de comunicación.

Al partido de la selección contra Dinamarca llegué con más preocupaciones de las debidas. Quería demostrarle a Cruyff que se había equivocado, tomarme la revancha… Estaba dolido, a pesar de saber que todos los grandes del equipo habían pasado por el banquillo. Incluso Romario, tras protagonizar tres goles de un glorioso 5-0 al Real Madrid, se sentó en el banquillo durante el partido siguiente. Pero en aquel momento pensé que tenía los bolsillos llenos de soluciones y no admití la posibilidad de un problema, y el partido contra Dinamarca se me escapó de las manos. En una cesión que me hicieron, entregué el balón a Laudrup en un gran gesto de amistad, lo que es estupendo, pero no cuando tu compañero habitual de club está jugando con una selección contraria. Tuve que salir del área y provocar una falta que me llevaría directamente al banquillo y que suponía la entrada, como portero, de Cañizares, entonces debutante. Con todo, fui capaz de protestar ante el árbitro y entretenerlo, lo que le dio a Cañizares los cinco minutos que necesitaba para calentar y preparar una falta muy peligrosa al borde del área.

Yo estaba destrozado tras la expulsión, pero ahí estaba mi equipo para pelear por mí. Fernando Hierro me brindó mentalmente el gol de nuestro triunfo sobre los daneses. Luego, en el vestuario, me dijo había sido por todas las veces que yo les había sacado de apuros. El fútbol, afortunadamente, es un deporte de equipo.

décimo relato
EL EQUIPO
Encuentros

por Juan Mateo

Lo maravilloso de aprender es que nadie puede arrebatárnoslo.

B.B. King

Hace tiempo alguien me definió la creatividad como "una fuerza misteriosa para percibir la realidad de forma desacostumbrada". Sin duda, es una fuerza misteriosa, pues muchos de los mecanismos que inciden en su aparición son, todavía hoy, totalmente desconocidos. Tampoco cabe duda de que algo creativo es aquello que ha aparecido como consecuencia de mirar la realidad de una forma distinta a como el resto lo hace. Este mecanismo resulta hoy fundamental, pues hay una exigencia permanente de novedades en todos los ámbitos.

Durante mucho tiempo, especialmente en la última década del siglo XX, lo que más nos obsesionaba era la *gestión del cambio*: cómo admitir el cambio, cómo introducirlo y cómo hacerlo positivo para las personas y las organizaciones. No sé si para las generaciones más viejas pero, desde luego, para las más jóvenes, el problema no es el cambio, sino su ausencia. Los automóviles deben variar rápidamente de diseño, los ordenadores con dos años de vida se consideran desfasados, los teléfonos móviles ya no pueden limitarse a recibir y emitir llamadas... La obsolescencia ya no se produce por la aparición de algo mejor, reside en la cabeza de los consumidores, a quienes se ha acostumbrado a aspirar siempre a algo más avanzado o, por lo menos, distinto. Esta necesidad de novedades alcanza también a la manera de preparar a los seres humanos para enfrentarse a esa nueva realidad.

La formación es la herramienta básica en esa preparación y, sin embargo, la pedagogía, especialmente la aplicada a los adultos, es una ciencia que no ha innovado precisamente en los últimos tiempos. La gran innovación vino de la universidad de Harvard, con su método del caso como forma de aprendizaje: una manera de enseñar en la que la reflexión personal, basada en un hecho real, impulsa al alumno a aplicar la teoría aprendida y a debatir con sus compañeros de aula sobre las posibles soluciones. Es decir, se trata de intentar conseguir aquello que es la base fundamental del desarrollo intelectual y que no se asienta en la absurda memorización de datos o conceptos, sino en algo tan básico, y al mismo tiempo tan difícil, como es *aprender a pensar*.

Poco después se *inventó* otra fórmula bastante creativa, que se ajustaba a esa definición de "mirar la realidad de forma desacostumbrada": la introducción del teatro en un aula, que unía dos conceptos que nadie hasta entonces había considerado combinables. Así fue como nació el denominado *role play*, en el que los alumnos interpretan personajes para simular una situación y su posible solución.

Por último –y en esto nos cabe el orgullo de haber sido pioneros de su desarrollo en España– fue el juego el que se introdujo en el aula para salir posteriormente al aire libre (*outdoor*). En este caso son los tableros de juego, las fichas, los puzzles, los disfraces, las bicicletas, un velero o un campo de golf, los que se convierten en un laboratorio perfecto de aprendizaje. Aquí es el niño que todos llevamos dentro, y su necesidad de diversión, lo que nos permite conseguir, a quienes estamos enseñando, que nuestros alumnos alcancen el objetivo de *aprender a pensar* más fácil y cómodamente.

Pero, tal y como decía el cerdito Porky cuando terminaba la película de dibujos animados: "Eso es to... eso es to... eso es todo, amigos". En cien años, éste es el resumen de las innovaciones más importantes en el terreno del aprendizaje adulto.

Nosotros, que nos dedicamos a la enseñanza de adultos en un mundo tan complejo como es el de las organizaciones empresariales, hemos intentado aportar nuestro granito de arena a esta evolución. Fue así como hace unos años nos dimos cuenta de que el deporte –no sólo su práctica, también su observación– podía permitirnos ejemplificar y razonar de manera distinta y más eficaz. Y, sobre todo, nos dimos cuenta de que este método no exigía la dedicación de un tiempo concreto a la formación, ya que el deporte es uno de los pilares del entretenimiento actual.

Fue al principio, hace unos cuatro años, cuando, en unas conversaciones entre Jorge Valdano y yo, nos dimos cuenta de que muchos de los problemas que tenía un entrenador eran exactamente iguales que los que yo afrontaba como directivo de una gran multinacional de consultoría. Sin embargo, lo bueno no fue descubrir que dos mundos en principio tan distintos eran, en realidad, bastante similares, sino comprobar que muchas de las cosas que Jorge había hecho para solucionar sus problemas podían aplicarse perfectamente al otro escenario; y lo mejor, que las escenas que observábamos de jugadas y situaciones eran divertidas, incluso apasionantes. Aún más, cada vez que iba a un estadio o a una cancha de baloncesto empezaba a ver cosas que no sólo me divertían, sino que me hacían reflexionar sobre comportamientos, situaciones, etc.

Era lógico, tal y como decía Jorge: "Al deporte y a la empresa les une los más importante: los seres humanos". En el camino nos encontramos con Juan Corbalán, quien había tenido la misma intuición que nosotros y estaba trabajando en su desarrollo. Juan, Juanito para casi todos, no sólo era un mito, había sido el mejor jugador de Europa y un ejemplo a seguir como líder del equipo. Con él entendimos muy bien la labor del líder dentro del terreno de juego. Él era un base y, en consecuencia, la continuación del entrenador en la toma de decisiones cuando la pelota se ponía en juego. Era el punto de referencia para sus compañeros y si él fallaba, casi todo fallaba. Lo bueno, y por eso fue el mejor, es que casi siempre lo hacía bien. ¿Se imaginan tener a alguien así en las labores empresariales?

Juan Corbalán nos plantea en este libro un tema fundamental y tremendamente formativo para aquellos que, en mayor o menor medida, hemos ejercido el poder dentro de las organizaciones y hemos creído tener el liderazgo. Lo que en ese relato se plantea queda muy bien resumido en el proverbio africano que Juanito eligió para ilustrar su historia: "Cuando los elefantes luchan, quien sufre es la hierba". Mientras el líder o los líderes de un equipo no tengan grabado a fuego que el liderazgo es un ejercicio de servicio al equipo y no al revés, las cosas no pueden funcionar. Muchas veces lo hemos dicho, pero no nos cansaremos de repetirlo: el líder es un mayordomo al servicio del equipo (P. Senge). Sin embargo, muchas veces se piensa lo contrario: "Ellos están a mi servicio, a mis órdenes". Los equipos no son propiedad de los líderes, son los líderes quienes pertenecen al equipo. En definitiva, somos a veces tan obtusos que no nos damos cuenta de que nuestro liderazgo existe porque el equipo existe y que sin él, nosotros sobramos.

De ahí a la estupidez absoluta sólo va un paso, y es que muchas veces los jefes –que no líderes–, con tal de mantener su poder, son capaces de cualquier cosa. Es lo que C.M. Cipolla retrataba en su libro *Allegro ma non troppo*, cuando nos decía que la estupidez humana queda demostrada cuando alguien es capaz de hundirse con tal de hundir al contrario. Algo parecido ocurre muchas veces: somos incapaces de pensar que con lo que hacemos estamos socavando y hundiendo a nuestro equipo, e ignoramos que así también nos hundiremos nosotros.

La lectura de lo que Juan nos propone invita a reflexionar sobre ella. Aquí sólo destacamos las conclusiones sobre los problemas más habituales en el mundo de la empresa, sin embargo, seguro que una reflexión personal le hace aprender muchas otras cosas.

Después de unos meses caminando juntos en nuestro proyecto, se planteó la posibilidad de incorporar a nuestro equipo a Andoni Zubizarreta. Andoni acababa de retirarse de la práctica profesional del fútbol después de una magnífica trayectoria que le convirtió en uno de los grandes porteros de nuestro país y sabíamos que sus dotes iban mucho más allá. Él también había sido un líder en los equipos en los que había jugado y las opiniones de sus ex compañeros no dejaban sombra de duda, era un hombre respetado y querido por quienes habían estado a su lado. Además, había coincidido con Jorge Valdano cuando éste era entrenador en el Valencia y Jorge se había formado una opinión extraordinaria de él. La realidad nos demostró que sería difícil encontrar un compañero mejor.

A todo ello se unía algo importante. Andoni había estado en una posición dentro del equipo que, como mínimo, podía calificarse como curiosa. Él lo explica muy bien: "Los porteros somos tan raros que jugamos al fútbol con las manos, vestimos distinto a como lo hace el resto y, cuando se marca un gol, saltamos y nos abrazamos solos". Una vez, hablando con él sobre este tema, me contó algo que después me ha resultado muy útil y que él apunta en su relato. Cuando ganaron la Copa de Europa contra la Sampdoria, el resultado fue de 1-0 y como él muy bien dice, "todo el mundo se acuerda de Koeman que fue el autor del gol, pero nadie habla del cero en nuestra portería y eso también influyó decisivamente en la victoria. Menos mal que Koeman, cuando íbamos para el vestuario, me dio una palmada y me dijo: hemos ganado gracias a ti". La figura de un portero nos vino muy bien para reflexionar sobre esos miembros de los equipos que, aunque en la sombra, realizan una labor fundamental, y que, sin embargo, pocas veces son reconocidos o su labor, apreciada. ¿Alguna vez ha pensado en esos miembros de su equipo? Lo mismo que el resto, ellos necesitan nuestro apoyo, nuestro afecto y nuestro reconocimiento. Felicitar a un gran vendedor por una gran operación es fácil y resulta lógico, pero invitar a tomar un café al almacenero o al bedel cuando sabemos que están haciendo un buen trabajo, y conversar un rato con ellos, es algo que con frecuencia se descuida. Ellos suelen decir que suponen que las cosas van bien porque nadie les ha echado una bronca. Triste, ¿verdad?

Otra de las conclusiones importantes que se pueden extraer de este relato es que la falta de comunicación es uno de los grandes errores en los que podemos caer. Si leemos con atención lo que Zubi nos cuenta, vemos que su amargura nacía, sobre todo, de que nadie hablara con él, de que incluso los extraños supieran cosas sobre su problema que él ignoraba. Cuidar la comunicación es cuidar la salud de un equipo. La comunicación es uno de los pulmones del equipo y cuanto mejor la cuidemos, mejor oxigenarán nuestra sangre.

Por último, la autocrítica y el reconocer los propios errores no sólo es bueno, es una señal inequívoca de inteligencia; y ese ejercicio es una marca de clase en Andoni. Su puesto es complicado y, a pesar de tratarse de un lugar desde donde puede echarse la culpa a cualquiera, nunca le oí hacerlo. A los porteros se les critican mucho sus errores, cosa lógica pues casi siempre significan un gol en contra, pero nunca se comparan la cantidad de veces que fallan oportunidades los delanteros y la de goles que se deben a fallos de los guardametas. En la empresa ocurre igual, si un documento debe salir y, por un error de la secretaria o de cualquier otro encargado, no está en su momento, los gritos se oyen a varios kilómetros. Sin embargo, no todas las ventas se firman, ni todas las operaciones financieras son geniales. Es triste que no se tengan en cuenta la cantidad de veces que, en silencio y sin que nadie los valore, esa gente, secretarias o encargados, saca los documentos bien y a tiempo.

El fútbol y el baloncesto son los deportes que más aficionados mueven en nuestro país y aquellos sobre los que casi todos nos consideramos capaces de opinar. Pero, curiosamente, uno de los que más alegrías olímpicas e internacionales nos ha dado es la gimnasia rítmica, un deporte al que sólo atendemos cuando hay finales olímpicas con posibilidades de pódium.

Nosotros tuvimos la suerte, a través de un amigo común, de conocer a una mujer que lo ha sido todo en este deporte: gimnasta, entrenadora y seleccionadora nacional. Alguien de quien hemos aprendido humildad, constancia, espíritu de sacrificio, compañerismo y valor; que nos ha hecho disfrutar con sus experiencias, y que nos ha aportado valiosos conocimientos en el mundo de la gestión de conflictos.

María Fernández Ostolaza se incorporó a Make a Team por muchos motivos. El primero y fundamental, porque representaba el éxito obtenido a lo largo de una vida, -aunque aún es muy joven (es mujer y hay que tener cuidado con estos datos)- dedicada a una pasión, y la pasión es el vínculo directo que tenemos con el éxito: sin pasión, las metas son inalcanzables.

Además, María, como mujer, nos podía aportar una visión distinta. Hoy por hoy el mundo del deporte –sus dirigentes– y el mundo empresarial –sus dirigentes– están copados por hombres, y es muy común que el triunfo de una mujer en esos ámbitos requiera un esfuerzo muy superior al que se le exigiría a cualquier hombre para llegar a la misma posición.

María es un ejemplo perfecto de lo que la práctica del deporte de alta competición puede aportar a la formación integral de las personas. Recuerdo que me entrevisté con ella para analizar su incorporación a nuestro equipo y descubrí que tenía enfrente a alguien que no había pisado jamás una empresa, pero cuya determinación y valores eran los que todos buscamos en un profesional. Según hablábamos, me vino a la cabeza una maravillosa conversación con José A. Marina, en la que nos comentó que el deporte combate dos de las carencias más acusadas en las generaciones jóvenes, aunque yo creo que también en personas que pertenecen a otras generaciones. La primera es la incapacidad para mantener el esfuerzo; la segunda, la incapacidad para aplazar una recompensa. La historia de María mostraba precisamente su capacidad para el esfuerzo mantenido aunque la recompensa no fuera inmediata.

Su inexperiencia empresarial no ha sido un obstáculo en ningún momento, primero porque, hoy, formar técnicamente a alguien no constituye un problema, ya que tenemos todos los medios a nuestro alcance, y segundo, porque lo que era evidente, aunque yo no me diera cuenta al principio, es que María ya había dirigido una empresa compleja a través de su puesto de entrenadora, un puesto desde el que tuvo que planificar, marcar objetivos, luchar contra una competencia feroz, batallar con conflictos externos e internos que podían hundir su proyecto e, incluso, manejar a los medios de comunicación. Cuando presumo de mi amiga, ya no sólo lo hago por su medalla de oro olímpica, presumo también de tener a mi lado a una profesional de primerísimo nivel y a un ser humano que nos enseña a mejorar en muchos aspectos.

En el relato de María, "Faena final", se plantea un problema que habitualmente levanta muchas quejas entre mis alumnos y en el que he comprobado que el mundo empresarial falla demasiado a menudo: el del reconocimiento o, por decirlo de una manera más llana, el de la palmada en la espalda. Keneth Blanchard, que está considerado uno de los grandes expertos en liderazgo y trabajo en equipo, y con quien tuve la oportunidad de trabajar durante unos años, hacía que la gente de su empresa se prendiera en la solapa un *pin* en el que se podía leer: "Sorpréndeme haciendo las cosas bien". Cuando le pregunté por qué lo hacía, me dijo que habitualmente estamos esperando a que la gente haga mal las cosas para comunicarnos con ellos y reprenderles, sin embargo, no hay nada más útil y motivador que reconocer el trabajo bien hecho, aún cuando sea lo que por obligación debemos hacer.

Yo creo que tenía bastante razón, pero, culturalmente, no estamos acostumbrados. A mucha gente le habrá pasado que cuando llegaba del colegio a casa con buenas notas, deseando enseñárselas a su padre, lo único que obtenía como elogio era un "esa es tu obligación" o un "no haces más que lo que debes". Nuestro gozo en un pozo. Ya sabíamos que era nuestra obligación, pero qué poco hubiera costado diferenciar claramente lo bueno de lo malo. Otro ejemplo lo encontramos al volante: con frecuencia nos topamos con radares ocultos, escondidos para pillarnos en una mala conducción y multarnos por exceso de velocidad; lo que no me he topado nunca es con alguien a quien hayan parado para felicitarle por su buena y sensata manera de conducir. Esto no significa que debamos quitar los *radares*, pero les aseguro que aquél a quien se felicita y se valora tiende a hacer las cosas mucho mejor que aquél al que sólo se vigila.

También me gustaría resaltar un par de aspectos más que subyacen en la historia que nos cuenta María y que nos recuerdan dos valores muy importantes en cualquier directivo o, mejor dicho, en cualquier persona. Intentaré resumirlos en dos frases:

- El sentido del humor es un gran salvavidas.

- Las dificultades que plantea una situación no son intrínsecas a la misma, dependen de la manera en que sepamos utilizar lo positivo de nosotros mismos para enfrentarnos a ellas.

Yo lo recordaba por aquellos partidos que disfrutábamos como aficionados en el pabellón de baloncesto del Real Madrid, donde muchas veces le gritábamos: ¡Itu!, ¡Itu!, ¡Itu!

Juan Manuel López Iturriaga, Itu, ha sido uno de los jugadores que, junto con Juan Corbalán, hicieron historia en la Olimpiada de Los Ángeles al traerse a España la medalla de plata. Pero su mérito no radica sólo ahí, también fue un jugador que dentro del Real Madrid consiguió hacernos disfrutar de ese maravilloso deporte que es el baloncesto.

Juanma aportó a nuestro equipo de Make a Team toda una experiencia profesional que no sólo se encuentra en su actividad deportiva, también en la que posteriormente desarrolló como comentarista deportivo y presentador de programas televisivos: *Supervivientes*, de Tele 5, o el exitoso *Inocente, inocente*, emitido por las cadenas autonómicas. Ambos le han proporcionado infinidad de anécdotas y situaciones ejemplificadoras para nuestro trabajo. Y a ello debe unirse un fantástico sentido del humor, que en su relato queda perfectamente dibujado.

Si algo le distingue a Itu es su capacidad para dejarse enseñar y su constante tendencia a adoptar una actitud positiva; su enorme capacidad de adaptación al equipo, y su inmejorable actitud para resolver problemas. Itu constituye la constatación de que, de la gente del deporte, aprendemos no sólo cuando les vemos jugar, sino también cuando fuera del terreno de juego observamos sus comportamientos, que mantienen esos valores que tanto buscamos.

De lo que narra en su relato fui testigo como espectador y sufridor: Petrovic era capaz de sacarnos de quicio y al mismo tiempo de provocar codazos de admiración entre nosotros. El Real Madrid de esos años era, sin duda, uno de los mejores equipos de Europa y, sobre todo, un equipo acostumbrado y obligado a ganar. La manera en la que Petrovic les derrotaba socavaba no sólo su moral, sino los valores que ellos defendían. Drazen no era precisamente un jugador limpio (en el más amplio sentido de la palabra), más bien todo lo contrario. Sin embargo, una cosa era cierta, ¡ganaba!

Hace tiempo, en una conversación que mantuvimos Jorge Valdano y yo con Pedro Luis Uriarte, vicepresidente y consejero delegado de BBVA, y que supuso la mejor lección sobre gestión empresarial que hayamos recibido hasta el momento, nos dijo, entre otras cosas, que un equipo se construye de dos maneras: alrededor de una bandera o en contra de un enemigo. Mantenía que todo ser humano tiene dos partes en su corazón, la positiva o constructiva, con la que podemos trabajar para construir nuestro equipo alrededor de una bandera, y la negativa, que hará más caso a mensajes del tipo "tenemos un enemigo y hay que ganarle". El Real Madrid había construido su equipo bajo un escudo al que Santiago Bernabéu y Raimundo Saporta habían conseguido imprimir tal fuerza que el orgullo de pertenencia les hacía sentirse únicos, y eso, unido al valor técnico de sus jugadores, le lanzaba como a nadie a las victorias. La aparición de Petrovic les hizo unirse no ya alrededor de la bandera, sino en contra de un enemigo común y poderoso que en muchos momentos les hizo perder aquello que realmente anhelaban. Probablemente buscaban más *machacarle*, como se dice en términos de contienda deportiva, que ganar, y eso siempre resulta peligroso. No puede olvidarse que una cosa es luchar contra un enemigo e intentar batirle, y otra, la obsesión ciega que acaba con todo el valor de lo que Uriarte decía.

Sabemos que vivimos en un mundo hipercompetitivo donde los *enemigos* son múltiples y están muy bien preparados. Nuestro error sería permitir que, en esa lucha, el camino lo marcasen los *enemigos* y que nuestras acciones, en vez de nacer de una reflexión propia y asumida, fueran exclusivamente producto de los movimientos del contrario.

Raúl González, Raúl, el genial jugador del Real Madrid, lo expresaba muy bien cuando nos decía que, cuando juega fuera, cuanto más le gritan, más seguro está de sí mismo y más se supera. Es decir, en vez de perder la cabeza y actuar por los gritos, lo que hace es ser mucho más el mismo, si cabe.

El balonmano es uno de esos deportes que sólo cuando se ha tenido la suerte de practicar se valora de verdad. Divertido, apasionante hasta el final, es un deporte en el que la conjunción del equipo, la velocidad y la potencia física son básicas. Sin embargo, no ha sido ni es uno de los deportes masivos de nuestro país, aunque, curiosamente, tanto nuestra selección nacional como algunos de nuestros equipos, especialmente el Barcelona, nos han proporcionado numerosas victorias internacionales de primer nivel.

Una de las personas que más ha tenido que ver con el desarrollo de este deporte en España, y que está considerado también uno de los *grandes* fuera de nuestras fronteras, es Juan de Dios Román. No hace falta más que echar un pequeño vistazo a su currículum para darse cuenta de ello.

Hombre de una honestidad a prueba de bombas, que diría un castizo, dejó hace poco tiempo la práctica activa del ejercicio profesional de entrenador y seleccionador nacional. Aunque perdimos mucho, ganamos todo: ahora podemos oír sus comentarios por televisión y disfrutar aún más de este deporte, pues, gracias a él, vemos mucho más de lo que veíamos y entendemos mucho más de lo que lo hacíamos. Juan de Dios tiene además la ventaja de ser un profesor con muchas horas de vuelo a sus espaldas, no en vano es el decano de los profesores del Instituto Nacional de Educación Física (INEF), lo que, unido a esa sobriedad y llaneza que caracteriza a la gente de su tierra, le convierte en un auténtico maestro.

De su historia, lo difícil es extraer un resumen de conclusiones, cada línea provoca un ejercicio de reflexión.

Al leer la primera parte, uno vuelve a afirmarse en esa frase que Jorge Valdano siempre dice: "Un equipo es un estado de ánimo", que podemos transformar en "un hombre es un estado de ánimo". Talant Duishebaiev es uno de los grandísimos jugadores que ha dado el balonmano mundial. Nadie puede dudar de su depurada técnica, sin embargo, lo que le hace ser un número uno es la suma de esa técnica con una capacidad de lucha constante, sin cabida para el desánimo, y es que sin actitud positiva, no hay aptitud que nos lleve muy lejos.

Ése es quizá el gran reto de los líderes, conseguir *estados de ánimo* que nos agranden ante las dificultades y que entreguen nuestra voluntad al proyecto. Algo así como lo que D. Quijote –¡cuánto se aprende repasando a los clásicos!– le decía a Sancho: "¿Qué te parece desto, Sancho? ¿Hay encantos que valgan contra la verdadera valentía? Bien podrán los encantadores quitarme la ventura; pero el esfuerzo y el ánimo será imposible".

¿Y si lo traspasáramos al día de hoy? "Bien podrán las dificultades a las que nos enfrentamos hacernos pasar momentos muy complicados; pero el esfuerzo y el ánimo jamás desaparecerán en mi equipo". La pregunta es: ¿podríamos decir eso nosotros? Sólo si tenemos Talant-e –déjenme que juegue con la o pues para algo estamos en la era Internet lo conseguiremos. Aunque, eso sí, mejor mezclado con mucho Talent-o.

Ahora bien, combinemos todo esto con la tercera parte de la historia –la segunda es autoexplicativa– y obtendremos una de las recetas básicas en la gestión de recursos humanos, una receta que tiene que ver con el ejercicio de delegar.

El ideal es tener a los mejores, tanto por su actitud como por sus aptitudes; pero eso no debe servir sólo para hablar bien de ellos, sino para utilizar al máximo dichos talentos. ¿Cómo? Muchos directivos centran su liderazgo en un *yo decido*, impidiendo el desarrollo de las personas que tienen a su alrededor. La obligación de todo líder es pasar al extremo contrario, es decir, *tú decides*. Por supuesto, éste es un ejercicio progresivo pues del *yo decido* al *tú decides* hay todo un camino que recorrer, pero precisamente ésa es nuestra labor. Si tenemos un equipo es para conseguir que cada persona que pertenezca al mismo se desarrolle al máximo y, en consecuencia, aporte al equipo lo mejor de sí mismo. Actuar de otra forma sería como si tuviéramos un hijo con 35 años y le siguiésemos dando la mano para cruzar la calle, no ocurra que le atropelle un coche. ¿Se imaginan lo grotesco de la situación? Pues la realidad demuestra que muchos jefes de equipo siguen *agarrando de la mano* a sus colaboradores en todo lo que éstos tienen que hacer. Sólo actuando como lo hizo Juan de Dios, es decir, dando protagonismo absoluto a un equipo que ya es *mayor* podremos conseguir el éxito.

Fue la primera vez que tuve una medalla de oro en mis manos, me la dejó Maribel Martínez de Murguía, era la que ella había ganado en la Olimpiada de Barcelona con el equipo de Hockey Hierba español. Lo primero que se me ocurrió preguntarle –no muy original, por cierto– fue qué había sentido al ganarla. "Algo muy difícil de explicar con palabras", me dijo –la respuesta que ya me habían dado otras personas que habían pasado por situaciones similares– y continuó: "En realidad lo que más me ha hecho aprender en la vida no ha sido ganar esa medalla, sino el camino hasta conseguirla". Algo así como lo que decía el barón Pierre de

Coubertin: "Lo importante no es lograr el éxito, sino esforzarse por conseguirlo".

Maribel es una de esas personas de las que aprendes humildad y sencillez, algo que nos vendrían muy bien a muchos, no en vano son quizá dos de las virtudes menos extendidas en la naturaleza humana. Ella no tiene sólo el mérito de haber ganado una medalla de oro olímpica, cosa de la que muy pocos pueden presumir, también fue la primera mujer del mundo del deporte español contratada por un equipo extranjero.

Cuando hace tiempo nos contó la historia que aquí se relata hizo que nos sintiéramos afianzados –todavía más– en la creencia de que lo profesional no puede separarse de lo personal, y en que si no somos capaces de *encontrar* primero al ser humano que tenemos al lado, difícilmente encajaremos con el profesional. *El Espíritu de Lituania*, utilizando la terminología de Maribel, no es otra cosa que la demostración de esa premisa.

Hay otra manera de decirlo: el afecto gana siempre. Sin embargo, el afecto se consigue cuando nos ganamos el corazón de la persona. Si lo que nos ganamos es su cabeza, como mucho conseguiremos admiración, lo que, por supuesto, no está necesariamente unido al cariño.

Roger Fisher, catedrático de Harvard, nos contó en una ocasión cómo una negociación entre dos personajes muy complicados estaba a punto de fracasar y logró salir adelante cuando, en el transcurso de una cena, uno de ellos comentó los problemas que tenía con un hijo que padecía el síndrome de Down. En ese momento, el otro negociador, que hasta entonces sólo había visto enfrente a un competidor al que debía hundir, le comentó que ese mismo problema lo sufrían en su familia, pues uno de sus hijos había nacido también con el síndrome de Down. La conversación se centró en ese punto y ambos empezaron a descubrir al ser humano que el otro llevaba dentro y la manera en que aquel problema común les unía y les hacía comprenderse mutuamente. En definitiva, lo que sucedió fue que una corriente de afecto surgió entre ambos. Al final pudieron cerrar el proceso de negociación con muchas menos dificultades de lo que habían imaginado.

Para aquel equipo de hockey, Lituania significó la demostración de un afecto que unió a todos los componentes del equipo más allá de lo que nunca habían conseguido dentro de un campo de juego, luchando por los títulos que disputaban.

Un ejemplo parecido es el de aquella ejecutiva argentina a la que contrató una empresa como directora general de la compañía. Al incorporarse a su puesto, una de las primeras cosas que hizo fue llevar a todos los que dependían directamente de ella, todos hombres, a ver un gran partido de fútbol. Cuando alguien le preguntó por qué hacía eso, ella respondió: "En ese entorno podré observar su lado más humano: reacciones, lenguaje, relación entre ellos, etc., y eso nunca lo conseguiría dentro de la oficina. Y, para mí, lo más importante es saber con qué seres humanos cuento".

Todos buscamos ansiosamente eso que llamamos "buen ambiente de trabajo", es decir, provocar una situación continuada de camaradería, apoyo y cordialidad. O, como dicen los más jóvenes, "buen rollito". Pues bien, algo que no podemos olvidar es que el *buen rollito* se basa en que cada uno de los miembros del equipo ponga el corazón, incluso antes que la cabeza, al servicio del equipo.

Desterremos, por absurda, esa idea tan escuchada de que hay que separar lo personal de lo profesional. Antes que nada, y sobre todo, somos seres humanos, no máquinas.

Ellos son un equipo dentro de nuestro equipo. Balba González Camino y Miguel Ángel de Castro son dos de los mejores pilotos de automovilismo que, en su especialidad, ha dado nuestro país. Cuando los conocimos, descubrimos a dos personas apasionadas por su profesión, y nos sorprendimos por su inmensa humildad, su sensatez y su poca afición a hablar de los propios triunfos.

Ellos son un equipo en el más estricto sentido de la palabra, pues su especialidad dentro del mundo del motor tiene como característica la necesidad de contar con, al menos, dos pilotos en cada prueba. Esto significa que deben compenetrarse a la perfección y apoyarse el uno al otro.

Además, pertenecen a esa raza de deportistas que luchan en todos los frentes para seguir manteniéndose en liza, no sólo en el momento de competir; tienen que encontrar patrocinador y enfrentarse a montones de dificultades que en otros deportes más populares los profesionales tienen resueltas. Ellos son una buena prueba de que si existe pasión por lo que haces, esa pasión te empuja a luchar y a conseguir lo que a otros les haría desistir.

En sus relatos hay una característica común: "La gestión del fracaso".

Si atendemos a lo que Laín Entralgo definía como fracaso, "la diferencia entre lo que se quiso hacer y lo que de hecho se hizo revela lo que en la vida es fracaso", nos daremos cuenta de que no habla de triunfos que no llegaron, sino de no haber hecho lo que hubiéramos querido, lo que era nuestra intención. Ese es el mayor de los fracasos.

Jean-Paul Sartre va un poco más allá: "La historia de una vida, cualquiera que sea, es la historia de un fracaso. El coeficiente de adversidad de las cosas es tal que son necesarios años de paciencia para obtener el más ínfimo resultado".

Por otra parte, muchas veces apelamos a nuestra experiencia como el tesoro que tenemos para someter a los más jóvenes a lo que nosotros queremos, o para echar por tierra sus iniciativas. "Yo tengo más experiencia que tú" es una sentencia que justifica una toma de posiciones férreas y el destrozo de las contrarias. Lo que no decimos es que esa tan traída y llevada experiencia no es más que una magnífica base de datos de errores –fracasos– que hemos tenido a lo largo de nuestra vida.

Quizá deberíamos recuperar el sentido positivo del fracaso como elemento fundamental para llegar al éxito. Los dos relatos a los que estamos haciendo referencia son un claro ejemplo de ello.

Sin irnos a los extremos, que siempre son desequilibrantes, y sin justificar con ello el vivir en el fracaso, desde aquí le lanzamos un elogio como fórmula de aprendizaje vital. El problema, como siempre, no es el fracaso en sí mismo, sino la gestión que hagamos de él. Balba y Miguel Ángel nos dan lecciones importantes:

- Sus fracasos los convierten en una lección que después siempre aplican: "Mi cabeza se adelanta a mis movimientos" (Balba).

- Después del fracaso, hay que levantarse y construir una visión positiva y apasionante del futuro para seguir luchando: "Mi objetivo está claro: tengo que ser Campeón del Mundo de GT y volver a Le Mans" (Miguel Ángel).

Quizá ellos tengan muy claro algo que olvidamos con frecuencia y que daría mucho más sentido a todo esto, y que no es otra cosa que el comprender que el auténtico éxito consiste en ser capaz de unir el final con el principio.

Y llegamos al final y al análisis del relato de quien se convirtió para todos en el referente de nuestra empresa: Jorge Valdano.

La verdad es que es difícil añadir algo a lo que profesionalmente ya se ha dicho de él en el ámbito deportivo: ha pasado del cielo al infierno y del infierno al cielo, adorado, desfenestrado, vuelto a adorar... Quizá, como decía D. Quijote, se cumple aquello de "Ladran, luego cabalgamos". Jorge no es alguien que provoque indiferencia y eso siempre delata características especiales.

Ha sido, sin duda, como ya he dicho, nuestro punto de referencia debido a que es, con absoluta seguridad, el que mejor ha podido digerir esa mezcla de deporte y empresa, aportando infinidad de ideas al proyecto. Sus vivencias en el mundo del fútbol y su capacidad para retenerlas y aplicarlas en la práctica nos han servido de base para el desarrollo de nuestro modelo formativo.

Si tuviera que resumir lo que he aprendido a su lado sería muy difícil, son muchas horas de trabajo juntos donde el simple relato de sus experiencias me ha ido enriqueciendo, mejor dicho, nos ha ido enriqueciendo a todos. De todas formas hay un pequeño resumen que él siempre me recuerda y que constituye una receta muy valiosa:

- Sin un sueño no es posible el éxito.
- Busca siempre el talento que destaca en cada persona.
- Al profesional, exigencia; al ser humano, respeto.

La historia de Romario se la oí contar hace tiempo durante un curso que impartimos juntos. Alguien había puesto como objeción el hecho de que nosotros nos referíamos a un tipo de personas muy especiales, los deportistas, y que, sin embargo, ellos tenían que vérselas con *gente de a pie*. Jorge le relató esa historia para demostrarles que los seres humanos somos tan iguales en muchas cosas que a veces asustamos. Al final, todos buscamos lo mismo, y es esa mezcla tan difícil de conseguir en la cual se combinan, ilusión, cariño y confianza.

Romario era entonces uno de los jugadores mejor pagados del mundo y un ídolo para mucha gente, sin embargo, buscaba en quien tenía que dirigirle lo mismo que buscamos casi todos. El problema no surge de las dificultades que entraña la *petición* que nos hacen, surge de la falta de interés que demostramos ante las múltiples señales que nuestra gente nos envía, nuestra incapacidad permanente para escuchar lo que nos están diciendo.

Muchos de los directivos que hemos formado reconocen que quizá ésa sea la habilidad menos común entre ellos y no saben por qué son incapaces de conseguir mejoras importantes en ese campo. Esta deficiencia se traduce además no sólo en el ámbito empresarial, con la misma intensidad se encuentra en las relaciones familiares y de pareja. ¡Cuántas veces se oye la misma queja en boca de los cónyuges o de los hijos!

Desde aquí les proponemos algunas ideas que han demostrado que pueden provocar cambios en este aspecto. Lo primero, y aunque parezca una obviedad, es que estamos hablando de *escuchar* y no de *oír*; lo importante no es *oír* lo que se dice, sino averiguar –escuchar– lo que se piensa. Eso es lo que Jorge hizo con Romario, no era lo que decía, sino cuál era el mensaje que, en realidad, estaba lanzando.

En segundo lugar, este ejercicio es, ante todo, un ejercicio de humildad. Nunca debe presuponerse que nosotros somos tan listos que ya sabemos lo que el otro va a decirnos. A partir de ese punto, nuestro máximo interés debe centrarse en comprender a la otra parte, saber exactamente qué quiere, pues sólo a partir de ahí podremos ver si, además de comprenderlo, compartimos sus ideas o sus peticiones. Escuchar a otro y comprenderlo no significa estar de acuerdo con él , significa que estamos en condiciones de dialogar con él.

En tercer lugar no hay que olvidar esa máxima que un día me dijo un gran profesor: "No olvides que Dios nos creó con dos orejas y una boca, y eso quiere decir que debemos escuchar dos veces más de lo que hablamos".

En todo caso, nunca debemos dejar de preguntarnos algo muy importante: ¿Cómo me gustaría que me tratasen a mí? Una vez que respondamos, actuemos exactamente igual con quien tengamos al lado.

El equipo MAKE A TEAM

JORGE VALDANO

- Presidente de MAKE A TEAM.
- Director General Deportivo del Real Madrid C.F.
- Jugador de Fútbol del Real Madrid C.F.
- Jugador de la Selección Argentina de Fútbol.
- Entrenador del Real Madrid, Tenerife y Valencia C.F.
- Campeón del Mundo de fútbol, Campeón de Liga y de la copa UEFA.
- Colaborador habitual en diversos medios de comunicación.
- Autor de los libros: "Sueños de Fútbol", "Cuentos de Fútbol", "Cuadernos de Fútbol" y coautor de "Liderazgo" con Juan Mateo.

JUAN MATEO

- Consejero-Delegado de MAKE A TEAM.
- Licenciado en Ciencias Económicas y Empresariales (UCM-CEU). Master en Gestión Financiera por la EEM.
- Diplomado en Gestión Empresarial por la London Business School y cursos de post-grado en la London Business School, Harvard University y la Disney University.
- Director de la Golf University y del Curso de Gestión y Calidad de Servicio de la Disney University (EE.UU.).
- Co-director de diversos cursos sobre Gestión Empresarial en London Business School, Wharton School, Harvard Business School y Disney University.
- Autor de múltiples artículos en revistas nacionales e internacionales y coautor del libro "Liderazgo" con Jorge Valdano.

JUAN ANTONIO CORBALÁN

- Socio-Fundador de MAKE A TEAM.
- Licenciado en Medicina por la U.C.M.
- Especialista en Medicina del Trabajo y en Medicina de la Educación Física y el Deporte.
- Jugador del Real Madrid de Baloncesto (1972-1988).
- Jugador de la Selección Española en 177 ocasiones.
- Participante de los Juego Olímpicos de Munich, Moscú y Los Ángeles.
- Premio Príncipe de Asturias del Consejo Superior de Deportes.
- Premio Deportivo Villa de Madrid.
- Orden Olímpica del COE.
- Medalla de Plata JJ.OO. de Los Ángeles.
- Medalla de Plata al mérito en Baloncesto.
- Coeditor de libros médicos.

ANDONI ZUBIZARRETA

- Socio-Director de MAKE A TEAM.
- Director General Deportivo del Athletic de Bilbao.
- Jugador de Fútbol en los equipos Arechavaleta, Deportivo Alavés, Bilbao Athletic, Athletic Club de Bilbao, Fútbol Club Barcelona y Valencia C.F.
- Medalla de Oro al Mérito Deportivo.
- Orden Olímpica del COE.
- Campeón de Liga, Campeón de Copa, Campeón de Recopa y Campeón de Supercopa y Campeón de Europa.
- Colaborador habitual en distintas emisoras de radio y televisión.

JUAN DE DIOS ROMÁN SECO

- Socio de MAKE A TEAM.
- Licenciado en Filosofía y Letras por la Universidad de Madrid.
- Profesor de Educación Física, Universidad de Barcelona.
- Entrenador del Atlético de Madrid durante 17 temporadas.
- Seleccionador Nacional Absoluto durante 8 temporadas.
- Ha dirigido al Equipo Nacional de España en 221 partidos internacionales.
- Seleccionador Nacional Absoluto en los JJ.OO, Los Angeles.
- Subcampeón de Europa, España.
- Medalla de Bronce en los JJ.OO de Atlanta.
- Subcampeón de Europa, Italia.
- 4º Clasificado Campeonato del Mundo, Egipto.
- Medalla de Bronce Campeonato de Europa, Croacia.
- Medalla de Bronce en los JJ.OO de Sydney.

MARÍA FERNÁNDEZ OSTOLAZA

- Socia de MAKE A TEAM.
- Licenciada en Geografía e Historia por la UCM.
- Componente del Equipo Nacional de gimnasia rítmica (1981-1986).
- Entrenadora del Equipo Subcampeón del Mundo, París; Campeón del Mundo, Viena; Campeón del Europa, Praga; Campeón del Mundo, Budapest.
- Entrenadora del Equipo Campeón Olímpico en Atlanta. Medalla de oro.
- Seleccionadora del Equipo Nacional de Conjunto Medalla de Bronce en el Campeonato de Europa, Patras.
- Seleccionadora del Equipo Nacional Campeón del Mundo en Sevilla.
- Profesora invitada por la UCM, ISEP de París, Universidad Europea de Madrid e INEF de Madrid.
- Real Orden al Mérito Deportivo otorgada por S. M. El Rey de España D. Juan Carlos I.
- Premio Nacional del Deporte Varón Güel otorgado por el CDS.

MARIBEL MARTÍNEZ DE MURGUÍA

- Socia de MAKE A TEAM.
- Licenciada en CC. de la Educación (Pedagogía) por la U.C.M.
- Master en Psicología de la Actividad Física y del Deporte por la U.N.E.D.
- Jugadora de Hockey Hierba con el C.D. Alcorcón, Atlético de Madrid, San Pablo Valdeluz y Laren (Holanda).
- 1ª Mujer en España Profesional en Hockey Hierba en el extranjero.
- 1 vez Campeona de Liga de Honor, 3 veces Campeona de Copa de S.M. La Reina, 5 veces Campeona de España.
- 99 veces Internacional con el Equipo Nacional Absoluto.
- Campeona Olímpica en los JJ.OO. Barcelona.
- Orden Olímpica por el C.O.E.
- Medalla de Oro al Mérito Deportivo por la R. F. Española de Hockey.
- Miembro del Staff Técnico con el Equipo Olímpico Español Femenino de Hockey Hierba en los JJ.OO de Sydney .

JUAN MANUEL LÓPEZ ITURRIAGA

- Socio de MAKE A TEAM.
- Jugador del Real Madrid de Baloncesto (1976-1988).
- Jugador de la Selección Española en 90 ocasiones.
- Único jugador de baloncesto español que ha sido internacional en las categorías de minibasket, juvenil, junior y absoluto.
- Medalla de Plata JJ.OO. de Los Ángeles.
- Colaborador en el periódico El País y en la Revista Gigantes del Basket.
- Presentador de programas televisivos.

MIGUEL ÁNGEL DE CASTRO

- Socio de MAKE A TEAM.
- Campeón de España Junior Copa Polo.
- Campeón de España de Fórmula Ford.
- 7º Clasificado en el Campeonato Británico de Fórmula Ford.
- 2º Clasificado en las 24 horas de Paul Ricard.
- Campeón de España de la Copa Porsche.
- Subcampeón de España de la Fórmula Renault.
- Campeonato España de Turismos, dos victorias en categoría.
- Campeonato del Mundo de Resist. Con 1 Victoria en Malasia.
- Campeonato del Mundo GT Team Repsol
- Participación en Fórmula 3000 y en las 24 Horas de Le Mans.
- Campeón de España de GT.
- 5º clasificado categoría GTs, 24 Horas de Daytona.

BALBA CAMINO

- Socia de MAKE A TEAM.
- Estudios en Diseño Gráfico.
- 2 veces campeona de España de Clásicos Deportivos.
- 3ª clasificada en el Campeonato de España de Turismos D2.
- Campeonato de España de Superturismos.
- 3ª clasificada en la Copa Porsche.
- Campeonato de España de Fórmula Super Toyota-Castrol.
- Euro Open MoviStar, Nissan.
- Campeona de España de GT.
- Mujer más joven en haber ganado un campeonato de Automovilismo.
- Única mujer en el mundo que ha ganado un campeonato de GT.

Índice

Este libro se acabó de
imprimir el dieciocho de
octubre del año dos mil uno,
festividad de San Lucas.